生活中的传统文化

崔岱远———

著

北京师范大学出版集团
BEIJING NORMAL UNIVERSITY PUBLISHING GROUP
北京师范大学出版社

序言

　　这些年，传统文化回暖，无论是在家里还是家外，传统文化都成了热门话题。越来越多的人在衣食住行上向传统上靠，在待人接物的礼数上往传统里找，到了时令节气还要强调按照传统过日子。传统文化在不知不觉间走进了老百姓的日常生活，这是一件多么好的事！由此也带动着各行各业的书友们开始对传统文化方面的书籍有了兴趣。

　　传统形成于遥远的古代，文化来源于生活日用。在几千年的时光里，传统不断触碰着人们当下的生活，一刻也不曾停息地运动变化着。我们这个民族所特有的精神内核恰恰是通过对传统文化的不断反思才得以凝练出来的。在不经意间延续着传统文化脉络的我们，如果能知其所来，识其所在，就很容易看清楚什么是传统的真容，什么是文化的幻象，就有可能深化传统，理解现实，进而推动传统文化顺其所往。

　　讲到生活中的传统文化，自然要从家说起。家，是生活的场所，也是传统文化的来处。我们与这个世界发生的种种关联都和家映照牵绊着。家里那些最亲密的生活经验，诸如爱与敬、情与信、真诚与质朴、温暖与热切等等，推演拓展到家外就构成了中华民族的传统美德。家是贯穿古今的精神根苗，家是安顿生活的心灵居舍。无论社会怎么发展，家始终是我们中国人生活的中心，只要家在，传统文化就在。

古往今来，生活的基本需求莫过于衣食住行。像空气一样维系着我们生命的传统文化，正是源于祖先们对衣食住行的直观感触和朴素认知。传统因其平易俗常，所以才无时不有、无处不在；文化因其日用不觉，所以能博厚悠远、生生不息。在衣食住行这些最基本的生活方式里接续传统的精髓，丰富文化的意蕴，回应日新月异的潮流，不失为一种有益的尝试。

传统文化以人为本，如何待人接物不仅是日常生活中的行为方式，更能在一举一动、一言一行里体现一个人乃至一个民族的精神风貌。无论是耳熟能详的风俗规矩，还是引证经典的礼序行旨，都曾经深刻塑造了传统观念的是非缘由，构建起我们的思维框架，影响着我们的行为模式。在待人接物间让传统文化看得见、用得上，才能让经典里那些晦涩难懂的句子跳出书卷活泼起来，真正走进老百姓的日常。

人生天地间，行止随时运。每个人都与天地时光发生着无限复杂的联系，有些事情我们看得清，更多时候我们讲不明。传统文化里一些朦朦胧胧的说法，往往源于我们文明之初对时节的生存体验和对天性的取象认知，这些说法恰恰是传统文化的本初概念。正是在对这些先于理性而自然发生的认识进行不断反思与阐释的过程中，我们逐渐理解了自己，并随时与当下的生活进行交谈。

于是，我把"家里家外""衣食住行""待人接物""时节天性"作为四个篇章，构成了这本小书——《生活中的传统文化》。

这本小书由六十篇文化随笔组成，聊的是老百姓在日常生活里见得到、用得着，没觉得有多深奥的一些文化传统，每篇千十来字，都配有精美的插图，五分钟左右就能看完。看这本小书的感觉应该是轻松的，看的时候大可不必像阅读经典那样正襟危坐，而是可以在上班途中的车上随意翻翻，或是睡觉之前躺在床上瞟上几眼，甚至可以在上厕所的时候坐在马桶上消遣，这才是生活中读书的样子。

写这本小书的灵感来自几部常见的国学经典，比如《礼记》里的一些篇章，《论语》《孟子》里的某个段落，《诗经》《左传》里的几句名言，等等。传统文化的一个重要载体是国学经典。国学经典中的基本理念源于古人对当时生产条件、生活方式、生态环境简单朴素的直觉，很多表述原本是诚挚通俗、直击人心的俗话。只是因为时代久远，社会结构和生活方式都发生了巨变，现代人很难还原那时候的语境。结果是，字还是古时候的那些个字，但现在人理解的早已不是当时的那个意思。语言的演化让经典变得深奥难懂，结果普通读者只能望文生义，不知所云。然而，经典毕竟不仅仅是陈列在书柜里的精美书卷，同时也和我们今天的生活丝缕勾连，经典中的一些本质性的思想依然可以积极回应我们当下的现实。我试图用生活中的语言，把经典中的思想精华在今天的语境中还原出来，启迪普通读者去亲近经典，感触其中日用而不觉的恒久价值，把握那些在生活中依然好使、管用的行为准则，也不知这种写法能不能算是古典新诠。

说到语言，如果一个作家的作品应该有自己独特的语言辨识度，那么对于在北京土生土长的我来说，京腔京韵的北京话就是属于我的语言风格。我觉得北京话轻松随意，说着顺嘴，方便表达生动的情感，容易拉近生活与传统文化的距离，用京味儿语言来阐释国学经典是我的尝试。

这本小书是写给成人看的，最好是已经做了爸爸、妈妈的人，起码是二十岁往上的青年。一本书能打动读者无非是产生了精神共鸣，毕竟生活是需要一些阅历的。我觉得，那些对生活中的酸苦甘辛咸有所感触的书友们，更容易读出这本小书的味道。

家里家外　01

衣食住行　02

待人接物　03

时节天性　04

家里家外

家，是生活的场所，也是传统文化的来处。

我们与这个世界发生的种种关联都和家映照牵绊着。家里那些最亲密的生活经验，诸如爱与敬、情与信、真诚与质朴、温暖与热切等等，推演拓展到家外就构成了中华民族的传统美德。家是贯穿古今的精神根苗，家是安顿生活的心灵居舍。

🌿 门风家风

　　走进北京幽静的小胡同，必能看见街道两旁门洞里古旧的青石门墩儿后面那一扇扇斑驳的院门。无论是气派的金柱大门还是朴素的如意门，门板正当中几乎都刻着一副醒目的门联。字体或隶书或魏碑，气韵或苍劲或雍容，无一不是用心写就的书法作品。尽管历经风雨剥蚀，依稀可辨的笔锋间仍然透出古都特有的风范。

　　门联不同于春联。春联是用红纸写了过年前贴在两旁门框上的，图的是个喜庆，过了元宵节也就可以摘了。门联要特意求先生写了请工匠刻在门面上，为的是让街坊四邻都知道院子里这家人的门风。从前老北京的四合院一宅只住一大家子人，院门就好比是这家人的脸面，在北京话里也叫作门脸儿。从这道门里进进出出的往往是祖孙几代人，刻着门联的两扇门板一用就能有上百年，要不最常见的门联怎么会是"忠厚传家久，诗书继世长"呢？虽然拙朴无奇，却能天长地久。

　　"忠厚"和"诗书"是门联里常见的字眼儿，并不仅仅归读书人专享，而是代表着京城上下各色人等共同的观念。您能猜得出"忠厚培元气，诗书发异香"这副门联曾经的主人是做什么营生的吗？怕是想不到这只是一户卖姜的生意人吧！仔细品品，是不是挺有意思？散发着香气的生姜吃下去可以培育出元气，即便做个小生意也要推崇忠厚的品行，标榜诗书的高贵，这就是千年古都的风尚。

京城里的住家户主要是官宦人家和文化人，再就是做各种生意的买卖人和服务行业的手艺人。他们的追求、他们的信念，乃至他们所从事的职业无不体现在院门上那副门联的字句里。门联就是这家人写在脸面上的精气神。"义气相投裘臻狐腋，声名可创衣赞羔羊"，一看就知道是做皮货生意的。"恒足有道木似水，立市泽长松如海"，甫问，户主的营生一准跟木材相关。当然，买卖人的门联也不全都这么直白，"定平准书，考货殖传"就够琢磨上一阵子的。《史记》的《平准书》是中国古代最早记载社会经济发展史的著作，同样出自《史记》的《货殖列传》则是专门记叙商贾才俊的类传，二者都反映了司马迁的经济思想。看来这户人家要么是博古通今的儒商，要么就是请教了哪位饱学之士。中医大夫是京城里一个介于文化人和手艺人之间的特殊群体，若是谁家的门联写着"杏林春暖，橘井泉香"，一望便知，必是求医问药的所在。

至于书香门第，门联会是这样的："西园翰墨，东壁图书"或是"多文为富，和神当春"……这样的门联透着雅气，带着整条胡同都隐隐地有了书香。在这种环境里疯跑长大的孩子，潜移默化间也会敬重上文墨吧？

"门阑生喜气，山水有清音"，委婉的门联多半属于向往归隐的官员僚属，紧闭的院门后面想必藏着青石、鱼缸、石榴树和一颗寄情山水的心。这类门联蓄含的韵味远远胜于"笔花飞舞将军第，槐树森荣宰相家"或是"龙图世泽，虎关家声"的张扬。

千年古都，往来过多少显赫人物，在当时只是凤毛麟角，在后世不过过眼云烟，到头来真正长久的还是踏踏实实过日子的老百姓。就像刻着"传家有道唯存厚，处世无奇但率真"的门脸儿后面曾经生活过的那些住家户一样，立不了千秋功业，也绝不敢轰轰烈烈，但他们善良厚道，讲礼数、重体面、尊学问。他们几辈子人整天推开这扇并不抢眼的院门，油盐酱醋，娶妻生子，过着平凡的小日子，恪守着刻在门面上的淳朴门风。这门风，不正是看得见的家风吗？

引经据典

《史记·平准书》《史记·货殖列传》

进门出门

　　进门出门，我们每天要走上多少遍，也正是在这进进出出每一扇门的瞬间，体现着传统文化的细节。就比方说，你有没有在早晨上班或者上学迈出家门的那一刻喊上一声"我出去了！"，好让家里人有个精神准备。要是家里有老人就更应该这么做，否则老人有事喊你喊不到，心里会着急的。同样道理，回家推开屋门的时候要伴随着一句高高兴兴的"我回来了！"，家里老人听了这句招呼心里会踏实下来。孩子只要出门在外，老人总会当个事儿似的惦记着。要是不打招呼悄没声儿地进屋，突然从房间什么地方冒出来，还有可能冷不丁吓人一哆嗦呢！这就是"将上堂，声必扬"的道理。

　　进出家门不是个简单的举动，而是把家里和家外分成了两个世界，家里是生活的居所，家外是工作的场合。"顶门立户"的意思是可以支撑起一个家，甲骨文的"户"就是一扇单开的门。出门在外工作办事难免遇到这样或那样的烦心事，走进家门之后即便不能完全把工作上的事抛到脑勺子后头，也没有必要把工作中的烦恼传递给家里人。家里是你所爱护的亲人，而不是你情绪的垃圾桶。工作上的事家里人往往不能直接帮上你什么忙，也并不清楚你烦恼的前因后果，无端吞咽你投喂的酸汤苦水，你让家人再往哪里倒呢？同样道理，家人之间难免因为琐事闹各种各样的别扭，甚至产生家庭纠纷，这些家里的事出门之后也不要轻易告诉外面的人，即使是好同事、好朋友也不可以。生活和工作是两码事，家里家外为人处世的逻辑是很不一样的。维系一个家的是缠绵不绝的亲亲之爱，剪不断，理还乱。说不定过些日子冰融雪化了，你说出去的话却已经变成别人的话把儿了，何必呢？

工作中我们同样遇到进门出门的问题。人在单位经常有急事需要找领导请示、汇报或者签字，怎么进领导办公室的门呢？这里面很有讲究。如果门开着还好，可如果门关或者虚掩着，却又能够知道门里除了领导还有别人在，进还是不进？推门还是敲门？很多人把握不准。结果常见有人侧着耳朵听门里的动静，犹豫不决，那姿势让从他身边经过的人看着挺别扭。

关于怎么进门，《礼记》的《曲礼》里专门有说法，叫作"户外有二屦，言闻则入，言不闻则不入"。先秦时期进门是要脱了鞋，把鞋放在屋门口的，"户外有二屦"，自然是屋里有两个人。如果在门外能听到他们的说话声，就说明他们不在意谈话的内容被别人听见，这时候大大方方敲门打招呼，之后推门进去就可以了。如果屋里的人在窃窃私语，门外听不清他们说些什么，那就最好先别进去。也许里面正在谈论些不太方便让旁人知道的事呢？虽说现在没有把鞋脱在办公室门口的，但把握进与不进的分寸是一样的。

　　进门之前如果门是敞开的，进门之后就让门继续开着，而不必带上。如果门原本是关闭的，敲门进去之后就要把门依旧关上。总之，保持原样就好。要是身后还有其他人也准备进去，进门之后要把门虚掩上才是，而不能关严实了。如果关严了，后面的人会觉得是故意在回避他，难免多想。

　　再有，无论是在家还是在单位，和客人一起进门的时候都要请客人先行一步。一个细节，透出对客人的尊重，让人心里舒服。

引经据典

《礼记·曲礼》

户

谁是家人

　　谁是你的家人？这好像不是个问题。"我爸我妈呗！"这么答的是孩子。不过有的新婚夫妇也会这么说，在内心深处他们还没有完全把自己另一半的身份从情侣转化成家人。能答出配偶、父母、子女的，多半已是人到中年，正肩负着家庭重担的顶梁柱。可这就算答全了吗？

　　要说"家"这个字真是有趣，明明是指人的住处，可屋顶底下分明是一头小猪，却不见有人。古人造这个字当然并不是说家是吃红烧肉的好地方，而是那时候捕猎回来的动物已经多得一时半会儿吃不完，足可以剩下几只养起来留着改善生活了，要知道那时候养一头猪是很金贵的。"豕"代表财富，直到现在仍然能见到做成猪形的储蓄罐，雅号"扑满"。当然，家里的财产也不一定只有猪，甲骨文里也有屋顶底下画只狗狗的"家"字。如果屋顶底下安坐着一位女子，那就意味着娶了家眷，家人安居，岁月安然。有了女子，家才得以安稳；有了婚姻，才算有了家庭。

　　家的概念在历史上演变了几次，先秦时期的家特指大夫之家，也就是我们听说的"齐家"之家的本意。那时候天下是天子的，天子封邦建国，诸侯就是国君。诸侯封土立家，大夫就是家君。所以古代有君父臣子之说。作为大夫，除嫡长子能继承他的爵位之外，别的儿子只能是没有封地的士。士的妻儿老小形成宗族，之后再分为家族、家庭，这一干人等都隶属于大夫之家。大夫也可以理解成氏族长，这就是家国同构的宗法制度。直到今天，我们把国和家连接成一个词叫"国家"，正是从先秦的家国同构演变而来的。在世界上其他的语言里，国是国，家是家。

秦汉以后，诸侯国和大夫之家消失了，但身处农业社会以耕作为生的几代人必是生活在一起的，自然而然会产生出以一位最年长的族长为根基的家族。有意思的是，传统社会里这样的家族必定是父系的，但当家人却可以是老祖母。比如《红楼梦》里荣国府的当家人是老太太贾母，有她在，家就安。当家做主的长者尽管年事已高，却是凝聚整个家族的力量源泉，更是这个由亲缘关系构成的社会组织必不可少的主心骨，同时还是家族形象的代言人。正所谓老人在，家就在。但毕竟老人终有不在的那一天，那往往就要分家各自单过了，正像巴金的小说《家》所描写的，于是很快形成了新的家族。

在以父系血脉之树构建的传统家族文化里，父母子女是至亲骨肉，夫妻双方为至爱亲人，这和今天完全一致。爷爷奶奶、伯父伯母、叔叔婶母、堂兄弟姐妹和没有出嫁的姑姑都是"家人"，因为在传统上这些家庭成员共同构成了一个完整的经济实体。而姥爷姥姥、舅舅舅妈、姨和姨夫、表兄弟姐妹和出嫁的姑姑以及姑父算是"亲戚"，并不能称为"家人"。

今天的社会讲究男女平等，父母的血脉远近一样，关于亲属与家人的概念有着明确的法律规定。《中华人民共和国民法典》第五编婚姻家庭编第一千零四十五条是这样表述的："亲属包括配偶、血亲和姻亲。配偶、父母、子女、兄弟姐妹、祖父母、外祖父母、孙子女、外孙子女为近亲属。配偶、父母、子女和其他共同生活的近亲属为家庭成员。"也就是说如果你的姥姥、姥爷和你共同生活，那么他们就是你的家庭成员；如果你住在爷爷、奶奶家，即便和叔叔、姑姑们一起生活，他们也不能算是你的家庭成员。这就和传统文化有所差别了。

传统不是僵化不变的，传统是随着社会经济发展不断推动完善的，这样的传统才有生命力，这样的家文化才能绵延不绝。

引经据典

《礼记·大学》

🌿 相亲相爱

生活中把男女之间以选择伴侣为目的的第一次见面叫"相亲"。这个叫法真好！在所有的亲人关系里，只有伴侣是可以通过相看来自主选择的。既然命运安排了这么好的机会，那就必得慎之又慎，选上一位合意的心上人。一旦决定了，就将相亲相爱，结婚成家，长相厮守。选就选好的，选好了就要执着以待，"择善固执"说的就是这个道理。

结婚意味着成家，家是由夫妻开启的。夫妻是种什么关系呢？夫妻关系像门闩，夫妻二人彼此关联相接在一起，把两扇门关严实就成了家。你看繁体的"關"字，不正是门上有一对丝缕相缠拴连在一起的门闩吗？《诗经》开篇那首著名的情诗"关关雎鸠，在河之洲"里的"关关"除了鸟鸣，也蕴含着这层意思。

夫妻之间的事属于家里事，家里事有家里的办法。处理夫妻关系可以概括成这么四条：大事商量，小事原谅，不辨对错，不纠过往。

什么是大事？决定着家庭发展方向的事才是大事，比如乔迁购房、调动工作、赡养老人、培养子女、重大投资等等。尽管夫妻之间恩爱有加，但毕竟是出处不同的两个人，这就叫夫妇有别。既然有别，就要相互尊重对方的人格。真诚相待，首先要给予对方参与决策的权利。对于家里的大事，夫妻之间绝不可以在对方不知道的情况下独自做主或越俎代庖替对方做决定，这就叫相敬如宾。《仪礼》有一篇讲到古人的婚礼，其中新郎迎娶新娘的时候有一个重要的仪式，就是新郎亲自为新娘驾驭马车，要把登车的引绳交到新娘手里，让她挽住登上车，再驾驭着车，让车轮转上三圈。这个礼仪的内涵是夫妻组建的家庭这驾马车，需要二人共同驾驭才可能平稳行驶。遇到夫妻意见不一致怎么办？只有平心静气地商量，商量，再商量。毕竟想法有差异不同于观点相对立，互相妥协也属正常。

家庭生活中更多的是诸如整理家务、个人爱好、回家早晚之类锅碗瓢盆、鸡毛蒜皮的小事，长此以往夫妻双方都会有些小小不言的过失。对于小事，睁一眼闭一眼相互谅解是最好的相处法则。包容对方也是成全了自己。所谓少小夫妻，夫妻相处时多少都会有一些小孩子的心态，有时候在小事上表现得越傻，反而会越"萌"、越可爱。

家庭不是法庭，家事属于私事，夫妻之爱情真意切，却又幽隐缠绵，夫妻关系更多的是一些不能为外人道的私密事。协调私密事与处理公务事的理路当然截然不同。夫妻之间遇到的种种问题千丝万缕地纠缠在一起，谁也说不清楚。家里事，往往分辨不出个绝对的对与错。退一步讲，即使分辨出对错又能怎么样？自认为正确的一方顶多混个自鸣得意，败下阵来的一方却未必心悦诚服，恐怕更多的是垂头丧气，或许心里还有些不宣分。各种委屈积攒在所谓错误者的心里，难免过些日子找个机会把一股怨气奉还回去，结果又是一场糊涂仗。何苦！倒不如在小是小非上难得糊涂、不辨对错、痴情傻傻来得实在。

夫妻之间很少有从来不闹别扭的，千万记住，拌嘴的时候就事论事，不纠过往，不翻旧账，这是维系良好夫妻关系的法宝。一旦纠结过往，追根溯源，到最后就会说出"当初谁先追的谁？""当初我就不应该跟你！"这等气话。那这个家还想不想要了？只要你还想要这个家，就要坚决摒弃前嫌，不纠过往，唯有如此才能长相厮守，"我"和"你"才会结合成带着夫妻相的"我们"。

引经据典

《诗经·关雎》《仪礼·士昏礼》

结婚戒指

婚姻是人生大事。提亲、结婚，双方互相赠送什么样的信物，可是大有讲究。说来有趣，按照先秦的礼制，无论是男方到女方家去提亲还是确定良辰吉日，都要捧去一只大雁。大雁是典型的候鸟，在春暖花开的季节飞往北方，在秋凉果熟的时候飞往南方，古人认为这是随着阳气在运行。女子属阴，男子属阳，迎娶女子到男方家中，当然是奔向阳气而行了。更重要的是，雌雄大雁一经结合就相守终身，形影不离。据说如果其中一只死去，另一只也会郁郁而终，如此专情的鸟自然被人赋予了至情至爱的意味。

也有一种说法是结婚用的礼雁其实就是白鹅，白鹅有个雅号就叫舒雁，是中国人从大雁驯化而来的家禽，很多习性和大雁极像，比如终身伴侣制。毕竟逮住大雁不那么容易，而且季节不对也没处找去。直到现在，江淮一带的农村还有送"催妆鹅"的婚俗，正是传承了古代婚礼的遗风。在婚礼头三天，由男方随聘礼送到女方家里一只大白公鹅，婚礼当天女方再配一只大白母鹅，随新娘的嫁妆一起带到男方家里。这对大白鹅要一直喂养着到它们老去，工作是看家护院，寓意是白头偕老。

　　现在城市里的青年男女结婚没见送大白鹅的，新郎新娘会在婚礼上互赠戒指。别看结婚戒指属于外来之物，在婚礼上同样蕴含了深刻的传统寓意。

　　夫妻是一种名分。原本没有血缘关系的男女一旦确认了夫妻的名分，也就意味着约定彼此相守，一对新人要相互扶持一起走上新的人生旅途，"执子之手，与子偕老"，是友人更是亲人。夫妻这种相亲、相爱、相敬的关系彼此之间终身不变，是专一不移的义务与责任，正所谓"名以出信"。"信"的含义就是专一不移，东汉著名史学家、文学家班固在《白虎通义》里正是这么阐释的。

　　戒指是纯金的也好，镶钻的也好，再昂贵也只不过是个圆圈形状的小物件。可一旦它在婚礼上被新人佩戴在对方手指上，就绝不再是那个随随便便的小物件了，它瞬间升华成了宣示专一不移的信物，凝练为让夫妻双方信守承诺的郑重礼器，是所谓"信以守器"。正是婚礼——这个被视为开启君子之道的人生大礼赋予了这个小器物神圣的内涵。新人相互佩戴上这件承载着深厚人文精神的礼器的那一瞬间，也意味着接受了其背后承载的一整套行为规矩，并且心甘情愿奉行终身。结婚戒指之所以这样神圣，是因为它具有了"器以藏礼"的属性。

　　婚礼宣告着开启婚姻生活。"礼以行义"，夫妻从此组建成了一个新家，不仅必须遵守法律所规定的作为家人的责任

和义务，同时也要尽到作为家人的本分。比如，孝敬对方的
父母，爱护对方的兄弟姐妹，与对方的亲戚朋友和谐相处，
等等一系列相互敬重、相互追随的情理与道义。遵道而行，
和睦相处，自然就是夫妻同心，其利断金，一家人的物质生
活和精神生活都会越来越好。"义以生利"，也生出了其乐融
融的家庭氛围。如果家家都能如此，就能通过一个个家庭激
发社会的活力，营造美好和谐的大环境，实现"利以平民"
的理想。

　　一对小小的结婚戒指，就此引出了《左传》里的一串名
言："名以出信，信以守器，器以藏礼，礼以行义，义以生利，
利以平民。"中西方文化就这样在现代婚礼上贯通了。

引经据典

《仪礼·士昏礼》《诗经·击鼓》
《白虎通义·情性》《左传·成公二年》

自家孩子

俗话说："孩子都是自己的好。"自己的心血当然怎么看怎么顺眼。表面上是孩子好，骨子里是觉得自己养得好；表面上是看不到孩子的短处，骨子里是觉得自己教子有方。家长护短，护的并非只是孩子之短，更多是护着自己的脸面。这不是人之常情吗？是。但如果只看到这一层，未免浅了。

"孩子都是自己的好"这句俗话大有来历，它出自四书之首《大学》。不过下半句可不是一般人接的"媳妇总是别人的好"，而是"庄稼总是人家的壮"，说的都是不知足的心态。当然，两千多年前的俗话今天听起来也显得文绉绉的，叫作"人莫知其子之恶，莫知其苗之硕"。《大学》里这句话要讲的可不是批评家里大人护犊子这么简单的事，而是修身的大道理。修身，多么严肃的话题，怎么就扯上孩子和庄稼了呢？

修身，原本没那么玄乎。修身，就是调控好自身的情感，端正对待别人的态度，避免自己的行为举止走偏了、走过了。

人们和自己看着顺眼的好朋友往往越走越近乎，对于爱恋着的人更是一日不见，如隔三秋。亲爱是一种多么美好的心境！至于那些自己讨厌的家伙，总觉得是从里到外一身毛病，怎么看怎么恶心，贱恶之人不值得往眼里夹，干脆不去看他。每个人都有自己畏敬的人，或是师长前辈，或是"带头大哥"，简直就是人生楷模，他们说的每一句话好像都包含着微言大义，都值得铭记心头。每个人都有同情怜悯之心，对于自己怜惜之人那是越瞅越觉得可怜，相见时关爱有加，未见时牵肠挂肚，谁能说哀矜不是善良呢？每个人也都有自己瞧不上的人，或是不屑一顾，或是嗤之以鼻，时不时想贬损嘲弄一番，敖惰的感觉让人居高临下飘起来，这也是一种自我安慰、自我陶醉吧。

　　亲爱、贱恶、畏敬、哀矜、敖惰，这些情感发生在各种人际关系中，几乎涵盖了我们对待别人的基本态度。轻蔑厌恶、骄傲怠惰尽管不好，却也属于人之常情，彻底避免不大可能，可要是任其宣泄，就往往发展成偏激。喜爱、敬畏、怜悯都出自善意，但如果过分放纵就会走向偏袒。

　　人是情绪凝成的化身，长存的情感来自内心瞬间情绪的长期积蓄。喜、怒、哀、惧、爱、恶、欲是平等的情绪，原本没有好坏之分。任何一种情绪都像熔岩似的在心底暗流深藏，涌动起来会给我们带来激情与活力，可一旦过度喷发，就会有一股邪劲推着人的情感往歪了斜了窜，让我们或愤怒，或恐惧，或偏袒，或忧虑，不能自拔，怂恿我们难以恰如其分地待人接物。结果是该看到的现象即使见了也没走脑子，该明白的话语即便听了也不往心里去。情绪一旦走偏，情感就会跟着情绪荒腔走板，对自己所喜爱或是仰视的人再也看不到缺欠，看着自己一天天抚养起来的孩子更是什么毛病都没有了。至于财富，总觉得自己的还不够多，在种田人眼里，作为财富的庄稼自然都是别人家的长得更好了。

　　要想为人处世合乎情理，就得注意调控自己的各种情绪，不能任其宣泄，节制自己对人的情感，不可以过度偏颇。即便是自己喜爱、敬重的人也要清楚他的不足之处，即便是自己厌恶、藐视的人也能看到他的长处。当然了，能把控自己内心瞬间萌生的念头实在太难了，这就要时时刻刻提醒自己，努力不要让情绪牵引着自己的行为过激、举止失控，能做到这样就已经很不容易了。所以古人讲"修身"，而不是说"修心"。

　　修身，是人与人之间良性交往的基础，同时也成了古人调节家族内部复杂人际关系的前提，因此，修身自然指向了齐家。

引经据典

《礼记·大学》

🐦 立有立相

教育小宝宝的时候家长常会说："站有站相，坐有坐相，像个人似的。"在今天，站姿和坐姿彰显着一个人的气质，在传统文化里，站相和坐相简直就是区别人与动物的标志。

先说坐，一般人觉得坐着比站着舒服，要不怎么叫"安坐"呢？可要按照传统文化还真未必是这么回事。我们的老祖宗在隋唐以前是不坐椅子的，大伙儿都是在地上铺张竹席或是苇席，人坐在席上。规矩的坐相是：膝盖并拢着席，脚面朝下，臀部贴住自己的脚后跟，双手扶在膝上，这才叫安坐。如果挺起腰板端正身子，臀部离开脚后跟，就变成了更正式的危坐。要是再整理好衣襟把自己罩严实了，那就是一本正经的"正襟危坐"。

安坐承重的是脚面，危坐承重的是膝盖，这两种坐姿都不舒服，但古人觉得很高级，因为这才是人所独有的坐相，再聪明的猴子也摆不出这个姿势来。去动物园的猴山看看就知道了：猴子的坐相要么是把两腿耸起来，屁股和脚掌着地，这叫蹲踞；要么是屁股着地，两腿像簸箕似的平摊着岔开，这叫箕踞。尽管这两种坐法都很舒坦，但古人认为人坐着就要有个人样，不能像只猴子。按照传统文化，在公众场合蹲踞和箕踞都属于很不雅的坐相，至于自己在家独处的时候则另当别论了。尽管今天我们一般不再席地而坐，但在公众场合像簸箕似的岔开两腿仍然被视为不雅。道理还是那个道理：坐，要端庄正经，有个人样。

盘腿坐是魏晋时期才从西域传过来的，所以也叫胡坐，起初并不正规，到了隋唐以后才逐渐被人们接受。同时传进来的还有坐在类似于大马扎的胡床上的垂足而坐，发展到今天，变成了坐在椅子上的主流坐相。

再说站。站立是人与动物的分野。尽管个别动物也能站起来一会儿，甚至还能直立着走上几步，但动物仅仅是某些个体在有所需求的时候才会站起来，比如动物园的狗熊在要食吃的时候。站立与行走已经成为整个人类群体的生活习惯。现代人类学将"人"描述为"可以习惯性直立行走的灵长类"，这和汉字"人"的意象简直异曲同工。在甲骨文和金文里的"人"字，就是一个从侧面看上去垂手站立着的人的形象。

不知你注意到没有，当人心情特别愉悦的时候，会自然而然地抬头挺胸，伸展开双臂，一个正面站立的人伸开双臂就形成了"大"字。古人说的"大人"并不是相对小孩子来讲的成年人，而是包括了辈分高的人、地位高的人、品德高的人，这些人被众人尊重，活得都比较舒展，都配得上"大"这个字。有意思的是，从甲骨文、金文到小篆，"大"字的两条胳膊越抬越高，发展到楷书，干脆伸平变成一横了。

在甲骨文和金文里，"大"字底下加上一横，就成了一个人稳稳地站在大地上昂然挺拔的形象，这个字就是"立"，是古人心目中最文明的形象。能够持久地"立"为人所独有，体现着人与动物的本质区别。如果站得离拉歪斜，或耸肩弓背、缩头伸脑，或趴伏倚靠、抖腿塌腰，那都叫"没个人样"。千万不要小看站立的姿势，"立"是经过漫长的生产实践和社会实践进化而来的，是指不再匍匐于地上的人，"立"标志着人的尊严。

古人非常看重"立"。"立"不仅仅是一种站姿，更是人之所以为人的意象。一个人走向成熟首先要立下志向，一个人在社会上要有立身之地，一个平凡的人起码要能安身立命，一个成熟的人追求的是独立不倚，一个所谓有成就的人无外乎做到了立言、立功、立德。那怎么才能真正立在这个世界上呢？首先要能帮助别人立起来。

引经据典

《礼记·曲礼》《左传·襄公二十四年》《论语·雍也》

都为你好

　　照理说，父母都疼爱自己的孩子，自然是一心一意为孩子好，子女同样真挚地爱着自己的父母。但是，在生活里父母和孩子之间好像总会有些疙疙瘩瘩，矛盾的缘起往往就在一句"我可都为你好！"。

　　"我让你这么做可都为你好！"

　　"我不让你这么做都为你好！"

　　"我替你做出的选择都为你好！"

　　"我这一天到晚辛辛苦苦的还不都为你好！"

　　面对孩子的一脸抵触和无奈，做父母的即使嘴上不说，心里也会想："我这还不都为了你好？你早晚会明白的。"正是这句听上去充满疼爱的老生常谈，让无数父母把自己的一厢情愿转化成对孩子的压力，不顾忌孩子是否乐意，不考虑孩子能否担当得起，不给孩子一丁点儿空间和时间上的自由度。

　　因为赋予了爱的名义，父母就认为自己的要求都是对的，于是理直气壮替孩子做出种种安排，觉得孩子天经地义就该照办，甚至强求孩子把实现父母没能实现的愿望当作人生使命。面对父母道德感满满的诉求，孩子往往难以抗拒，要么试图摆脱束缚和父母闹各种别扭，要么为了避免批评而妥协顺从，结果是渐渐失去自我表达和自我选择的能力。即便是那些特别听话的乖乖宝，成长的过程也会非常沉重、非常无趣。

的确，"我可都为你好！"，父母说这句话的出发点完全出于一片好心、一份责任。谁不希望自己的子女人生顺利，少走弯路，少些磕磕绊绊呢？但问题在于一片好心如果不以理性支撑着，就必然走偏，结果是成事不足，败事有余。《大学》讲管好家的首要修养就是避免出于好心的偏执。所谓"齐其家在修其身者，人之其所亲爱而辟焉"，人们每每就是因为对亲人过于疼爱而产生偏执的。在爱的耀眼光芒遮蔽下产生的不良影响往往不易察觉，却损害巨大。

就比如高考之后填志愿报专业，很多家长不是基于孩子的兴趣特长，而是考虑以后是否能赚大钱，强求孩子做出他不喜欢的选择。孩子擅长生物却非让孩子去学金融，孩子就喜欢动漫设计，却非让孩子读行政管理。孩子在人生关键节点被剥夺了选择的权利，挫败、茫然、厌倦的情绪油然而生，结果是各种拧巴，越学越不顺，久而久之对什么都没了兴趣，结果哭丧着脸挨过几十年。

己所甚欲，强施于子，无非因为父母总是在低着头俯视。在父母眼里，孩子一直是那个在襁褓里吃喝拉撒都离不开自己的弱小宝宝，从来没有意识到他在一天天长大成人。长大的孩子同样是一个人，一个需要被平视性情的人，一个期待被认可的人。

所以，为人父母在想到"都为你好"的时候，是否注意到这个"好"只有与孩子的本质相一致才算真好？从孩子的本性出发，认可孩子，认可孩子自身的好，相信孩子的趣味，尊重孩子的选择，才能为孩子营造一个良好的成长环境，才称得上是"为你好"。基于这种"好"对孩子进行的诸多教导与规划，跟孩子的真性情相和相辅，孩子自然会好好成长。如果父母以自己为主体，质疑孩子，不认可孩子，与孩子的本性相悖，实质上是"为我好"。孩子虽然说不出来，却能敏锐感知到这种深深的不信任。长此以往，孩子的性情会扭曲，沮丧和逆反在所难免。

对待孩子既不能一味纵容溺爱，也不能干扰强求。深爱孩子，但要以理性节制。看护孩子守住做人的底线，帮助他在属于自己的道路上独立选择、笃定前行，才是真的为了孩子好。

引经据典

《礼记·大学》

望子成人

　　和几位小学生家长交流，发现"鸡娃"已经成了这一代小家庭普遍的生活方式。青年父母心甘情愿地付出精力、心思与金钱，几岁的宝宝很不情愿地付出欢乐、自得与童年，各种超前应试补习班和所谓的素质培训让大人孩子一起投入狂热的"内卷"旋涡，恨不能从幼儿园起就一步不错，直抵遥远山巅上那座臆想中神龙盘踞的圣殿。

　　望子成龙可以理解，但"龙"毕竟太少。况且即便真成了"龙"，失去了人的情感与灵性又有什么意思呢？恐怕还不如个"虫"。倒不如望子成人为好。

　　成人，首先要成为一个善良的人。对于孩子，就是要彰显天生的那份不忍之心。你有没有看见过刚刚受伤的小动物？比如被大狗咬了的小狗，被车撞了的猫猫，从树上掉下来的小鸟。突然见到它痛苦的样子，你的心情有什么微妙变化？是不是先觉得心里猛然一惊，不由得警惧起来，进而有一丝担忧、一丝心痛、一丝怜惜？即便你未必能出手去救那只小动物，但这种心情人人都有，这就是怵惕恻隐之心。人们很清楚小动物不是自己的同类，它们的伤痛与我们没有太多干系，可一见到动物痛苦的样子，人的心里依然不自觉地产生同情与怜悯。这种本性在纯真的孩子身上表现得尤为突出。

恻隐之心源于人的本能，形成于人类胚胎生成过程中，这一颗善的胚芽与人性同在，只要是个人就有，而再聪明的动物也没有。孟子用齐宣王不忍杀掉吓得浑身哆嗦的牛来比喻善之端倪，成就了著名的觳觫喻。"觳觫"二字挺难认，号称"冰封汉字"，其实和老百姓嘴里说的"那也是条性命！"是一码事。人都会同情动物，而动物却不会同情异类。不忍之心区别了人与动物，小孩子对动物天生的爱护正是人类善良的灵光。

善良来自人心底那粒萌动欲发的种子，往往仅存于闪念之间。种子意味着有发芽的可能，却未必就能生发，更未必能够长成。种子破土而出是需要土壤环境和雨水滋养的，嫩芽长成参天大树更需要浇灌、修枝、除虫等等辛劳的栽培。把孩子培养成善良的人同样需要父母处处关照，启发他把善良的念头推之开来，这不仅仅局限于对小动物怀有不忍之心，更要将其转化成对周围人的关爱与同情的行动。这样他才有可能成长为一个豁达、随和的人，他才能过得舒心。

不可否认，现实生活中总会遇到各种不善良的人，这毫不奇怪。尽管每个人心底都埋有一丝善意，但那仅仅是个潜在的可能，并非所有人都能发展出善行，就像并非所有的胚芽都有机会发育成小苗。土地贫瘠、环境恶劣、歪风侵扰、病毒伤害等不利因素更会导致善良的幼苗长成畸形，甚至扭曲成丑八怪。《三字经》里那句"人之初，性本善"是说人原本有善的可能，而不是说人生来就都是善的。人，贪婪欺诈的有之，搬弄是非的有之，积怨嗔恚的有之，作恶害人的有之……不善的人多了去了。所以，要让孩子牢记世界上有很多不善之人，必须学会爱护自己，要有能力辨别善恶，远离各种潜在的危险就像远离危墙之下。更重要的是，千万要帮助孩子避免成为那种人，恶积祸盈，种种不善之行最终只会让自己反受其害。

做善良的人，同时远离不善良的人，这才是培养孩子的开端。对于学生而言，学业繁重在所难免。在十几年辛苦求学的过程中，时刻关照孩子的身心健康是家长的义务。锻炼体魄而不过度劳损，从容随和而能笃定坚韧，更重要的是培养孩子保持乐观的心态。传统文化提倡"乐"，讲究乐知好学、敬业乐群、乐以忘忧、乐道人善……无论孩子今后踏上什么样的人生道路，乐观都是辅助他顺利前行的真本事。

怎么样让孩子成为乐观的人呢？用你的乐观感染他，用你的豁达包容他，除此之外没有什么好办法。

引经据典

《孟子·梁惠王上》《孟子·尽心上》

快乐就好

近来中小学提倡快乐学习，好些家长纳闷儿，心说了：这学习不是应该提倡"头悬梁，锥刺股"吗？刻苦学习，哪儿来的快乐？疯玩疯淘不做功课？毛孩子倒是乐了，可往后中考、高考乐得起来吗？

什么是快乐？是开心，是欢笑，还是心情大好？

要说这快乐的"乐"，最早就是音乐的"乐"。很久很久以前，一群人想要抬走一块沉重的大石头，或是拉动一条溯游的长木舟，必须大伙儿依着一种相同的节奏来协调步伐才行，于是不自觉地一起"嘿哟，嘿哟"喊起号子来，音乐就这么诞生了。音乐是干什么的？音乐是用来协调一群人的行动节奏，让大伙儿一起办成一件事的。古人在大鼓两边各拴上个小鼓，支在木架子上打出鼓点来，为的是强调节奏感，由此衍生出了鼓乐，《说文解字》里解释的"乐"大体就是指这种乐。

甲骨文的"乐"字却找不见鼓的模样，倒像两缕丝线缠在木枝上，有人说这是来自古琴的意象。琴为心声，抚琴可以调节琴者的心绪旋律，让喜怒哀乐通透舒畅，和顺一个人的精神状态。

　　无论是令众人整齐有序的激昂鼓点，还是使自己忘却烦恼的清灵琴声，都能与人的心潮起伏产生奇妙的联觉共鸣，难怪《乐记》里说"乐者，乐也"。乐，使人与人之间相和相成，人的内心谐调和顺，自然让人觉得快意兴奋，这就是快乐。谁不喜欢成？谁不喜欢顺？做自己喜欢的事当然快乐无比。

　　我们的传统文化充满了对"乐"的向往。在职场上提倡敬业乐群，以彼此辅成无碍为乐。在家庭中期待亲人团聚一堂，和睦融洽，可谓天伦之乐。夫妻共筑一个温馨自在的爱巢，是长相厮守的安乐窝。过起日子来即便是粗茶淡饭也不妨乐以忘忧，天天乐呵呵的，小足常胜，岁月静好，方为长乐。对待利益，珍惜本该属于自己的，不苟求不属于自己的，谋划长远，知命乐天才好。至于学习，《论语》里说："知之者不如好之者，好之者不如乐之者。"乐意学的知识必能学得进去，乐于尝试的技能才能乐此不疲，主动的创造带来快乐，喜欢干的事自然能干好。对于孩子而言，不加掩饰地追求快乐更是天性使然，让孩子顺着性子去学习才能学有所成。整部《论语》里出现了五十来个"乐"字，却没有一个"苦"字。

　　怎么做才能快乐呢？对于个人，不要纠结过往的忧愁，不要在心里自己跟自己过不去，心开意解，情绪顺畅，人也就快乐了。面对群体，厘清与周围人的关系，不牵绊无聊的琐事，不疑虑旁人的态度，不无事生非地找人麻烦，人与人之间也就和乐了。

　　人生，不过是由生活中一个个人伦日用连接起来的时光旅程，有时精彩，有时暗淡，每一个瞬间都不可或缺。开心的人总看到广阔而斑斓的世界，乐观的人能把持自己心绪的清湛。快乐不是靠外界的刺激让忧愁暂停，也不是一时一事的惊喜雀跃，而是把全身心都浸润在一种和乐的心境之中，自在享用仅此一次的人生旅程。快乐就是你人生旅途中的保障。

　　对于生活，快乐就好，快乐可以成就你的好。

引经据典

《礼记·乐记》《论语·雍也》

孝敬有三

这世上最疼爱你的人，是你的爸爸、妈妈。如何对待生身父母，自古以来就是生活中的头等大事，也使孝道成了传统文化的底色。

什么是孝？怎么做才算孝？古人作了种种阐释。诚然，社会发展了，人文风俗改变了，古人对于孝的认识和一些具体做法在今天看来未必都合时宜，就像"以孝治天下""三年不改父之道"等等基于古代家国同构社会关系的孝道，就像"二十四孝"里种种匪夷所思、近乎变态的孝行，早就失去了现实价值，但基于血脉亲情对父母的真挚爱意却充满了人情之美，虽历千古而无以变。

孝敬父母，首先要爱惜自己的身体。俗话说，"孩子是父母的心头肉"。孩子生病的时候，父母心疼得如切肤刮骨，怕是每一个做了父母的人都能感同身受吧！即便尚未为人父母，去儿童医院转一遭瞧瞧也就有所体会了。病在孩子身上，急在父母心里，这种血脉感通是怎么也割扯不断的。你不想让父母为你心疼吧？那么好，首先要爱惜自己，善待自己的身体，安顿自己的情绪。尽管每个人都难免得病，但起码应该做到不故意损伤自己，尽量少让父母为自己牵肠揪心，这就是孝。《孝经》里说"身体发肤，受之父母，不敢毁伤"，讲的正是这层意思，如果把这句话曲解为不理发、不刮胡子，那也未免太滑稽了。你可以理解为少喝大酒、少熬夜，少生闷气、少发火，总之，少糟蹋自己，这才符合今天的语境。

你的身体是你自己的，同时也天然地牵绊着你的爸妈，当你折磨你身体的时候，也正在用刀剐你爸妈的心头肉。你说爸妈痛不痛心？有人说了，熬夜、应酬，那还不是为了多挣点钱吗？挣钱是为了生活得更好，但若靠消损身体去挣钱，只能说你太糟蹋自己了。

人在职场，每天都忙，一般也很少和父母住在一起。想起父母的时候，很多人往往会花钱从网上订购一大堆好吃好喝的给父母快递过去，认为这就是尽孝，然后在微信里给父母留语音说买了什么，让父母注意收快递。话说得直白而干脆，透着不见外。殊不知，如果"孝"是可以用钱买了快递过去的，那也太便宜了。父母和子女间的情感是双向成全的，父母给予子女的爱是期待回报的。这种回报不在乎钱多钱少，而是在乎一种"孩子心里也随时装着我"的感受。子女对自己投注的真诚与敬重正是父母心灵的暖房，尤其是在物质生活相对丰富的今天，多一些暖心陪伴与共情交谈，照顾到父母细微的情感，比单纯提供好吃好喝更能让父母心安。

古人的孝道里有很大一部分属于"身后之孝"，有的是出于对生死如一的认识，也有的是为了增强整个大家族的凝聚力，还有的是为了强化晚辈后生的责任感。在今天看来，慎终并不仅是"丧尽其哀"，追远也不在于"祭尽其敬"，慎终追远在今天更强调对父母的真挚情感不因父母的离去而消逝。

事实上，我们每个人身上都永远映射出父母的影子，不管你愿不愿意，父母的性格和经历都在影响着你的言行、思想乃至情绪。你见识过父母的成功，知道他们为此付出过怎样的努力与心思；你也目睹过父母的失败，明白他们为什么会曝瘪子，又为自己的失误承担了怎样的代价。既然如此，当父母老去之时，请静下心来反思父母的一生，直面自己不可改变的出身，深刻继承父母的长处，勇于突破他们的短处，这样才充分体现出生命中父母儿女一场的厚重深情。

引经据典

《孝经·开宗明义》

怒怨不迁

我们在外面经常会受各种各样的委屈，有强势领导压下来的，有业务伙伴传过来的，有趾高气扬的顾客发泄出来的……那些给你气受的人，哪位你也不敢得罪。考虑到后果，照顾到环境，大多数人的应对办法往往是忍了，更准确地说是憋着，把一腔怒气强吞到肚子里憋成怨气。尽管老大不乐意，可面上怎么也得过得去，那架势是"我有涵养，我无所谓"。就这么着，心口上堵着个充满怨气的大疙瘩，原封不动地带回家里。

人跨进家门的第一件事往往是脱掉身上的外套，就在那一刻，也会不自觉地摘下蒙在自己心头的外套，精神一下子彻底松弛下来，切换到家庭模式。家是安全的所在，在家不需要伪装。于是，一张臭脸往下一耷拉，一肚子怨气哇啦哇啦倒了出来，灌进家里人的耳朵。

家里人，无论是丈夫、妻子，还是父母、子女，虽说是听了个没头没脑，但也能敏锐地感受到你恶劣的情绪。如果能善解人意地附和几句或许还好，可要是家里人手头正忙着自己的事而透出了不耐烦，再赶上孩子表现得不够乖，过不了多会儿你的怨气就会发酵成怒气喷涌出来，一场家庭内战就此开打。结果是你的家人成了你迁怨迁怒的无辜受害者。就算你当时没有爆发,怨气也会变成不良情绪,不知不觉间转移到家里人的身上。承担了你怨气的亲人,要么会把怨气转化成心病,要么积压成几倍的怨气再转身发泄给别人,最终受伤的还是你自己。情绪在亲人之间是最容易感通激荡的,婴儿正是通过模仿家长的情绪得以长大的。

每个人心目中都有一个宣泄自己不良情绪的对象,他是你潜意识里从不反抗你的弱者。这个人往往就是你最亲的人,或是爱人,或是孩子,甚至可能是爸妈。亲人是你心底最柔软处的安乐窝,安乐到你依偎在他们情感的怀抱里可以像婴儿一样肆意妄为。尽管亲人未必能完全理解你,甚至也会生你的气,但他们绝不可能报复你、伤害你。可你忘了,他们这么做完全是出于对你彻底的体恤。他们,正应该是你每时每刻都要去心心念念关爱的人,而不是你转移怨气和怒气的对象。

家外的矛盾在家外解决,家外的怨气在家外化解,没有任何理由带回家里,这就叫"外言不入于梱"。相对而言,家里的事,特别是夫妻之间闹别扭,也大可不必拿到外面去跟同事、朋友分享,甚至也没有必要去和七大姑八大姨那些亲戚们诉说。中国的家庭内部绝大部分实行的是"各尽所能,按需分配"的家有制,只要家在,共享、共融就是家的基调。很多当时觉得是矛盾的事,过些日子可能就不是矛盾了。要是图一时嘴上痛快把家人之间积攒的怨气抖搂出去，尽管只是悄悄说给了密友，但日后可能就是张三出于同情告诉李四，李四当作八卦传给王五……传来传去就传歪了，结果你都不知传成什么样子了。转过头来，成了别人作践你的话把儿。而你，可能早把那个矛盾忘到脑勺子后头了。何苦呢！所以说，"内言不出于梱"，家里的事在家外不说为好。

当然，人与人相处有矛盾在所难免，但以激烈的方式表达出负面情绪，表面上是涵养不够，实质上是你从不考虑周围人的感受。不管是在家里还是家外，如果能刚一察觉到怨气、怒气的苗头就赶紧拢住火儿，在理解对方的基础上柔化处理矛盾，节制疏导，是对别人，也是对自己的宽容与大度。放过别人，就是放过自己。自己的心宽敞了，气自然也就通顺了。

引经据典

《论语·雍也》《礼记·曲礼》

拜年祭祖

过年，是属于一家人的宝贵时光。一进小年，家家户户就开始忙活起来，祭灶、扫房、穿新衣、贴春联、置办年货……一连串热热闹闹的准备之后，迎来了除夕，过年的气氛渐渐拉满。

在外工作的游子千里迢迢一路奔波，必须要赶在年根儿底下跨进家门。往往是除夕这天车站、机场挤得水泄不通，到了正月初一立马变得人迹寥寥。回家就差这一个晚上吗？没错，就差这一个晚上，区别仅在于吃顿年夜饭。因为这顿饭是团圆饭，并不在于吃什么，而在于一家人齐齐整整地大团圆。

说起一家人，照老传统讲，可不只是眼面前儿一起吃年夜饭的这些人，还包括着这些人共同的老祖宗。所以，吃过团圆饭之后会有一项更重要的仪式，就是祭拜祖先。除夕祭祖，现在大城市里不多见了，可在一些乡村，过年依然要在祠堂里举行祭祖的隆重礼仪。

乡村以耕作为生，往往是几代人生活在一起。那么祖宗从哪辈子算起呢？一般来说，祖宗是这个家族最早带着全家人定居在这片土地上的那个人。他让全家安顿下来，让子孙得以生息繁衍，他就成了凝聚这个家族的标志。这样一位标志性人物，是一个庞大家族传家继世必不可少的精神支柱。

不同时代、不同地域、不同人家的祭祖仪式并不完全一样。比方说，老北京即便是大户人家也少有专门的祠堂，但却有一种绘在纸上的祠堂图，平时收藏起来，过年的时候展开了挂在堂屋正中，前面摆放祖宗牌位，供奉佳肴美酒、蜜供点心。子时一到，奉上现煮的素馅饺子，点燃香烛，一家老小按辈分长幼恭恭敬敬地跪拜行礼。到后来，仪式逐渐简化成摆上三四代以来过世长辈的照片，鞠躬行礼，这就算是祭祖了。

祭祖仪式是顺应时代发展的，可无论仪式怎么变，祭祖的本质始终如故。仪式再隆重祖先也看不见，祭祖本来就不是演给祖先看的把戏，祭祖体现着对前辈生死如一的敬重，仪式是为了陶冶祭拜者自己的心灵。祭亡意在佑生，祭祖正是以一种文明的方式来展现对生命的尊重。生生不息是生命延续的根本，更是中华文明得以传承的不竭动力。年复一年祭拜祖先，积蓄着"子子孙孙无穷匮也"的伟大力量，这种力量被写进了《愚公移山》，这种力量木讷刚毅却可以感天动地。这种制度是传统经济条件的产物，而这些条件又是地理环境的产物。对于中华民族而言，祭祖的理念合乎人心，祭祖的仪式自然而然，与封建迷信毫不相干。

祭祖体现着"慎终追远，民德归厚"，所谓慎终追远，不过是对于先人"事死如事生，事亡如事存"的诚挚心意；所谓民德归厚，无外乎是后人不断延续着对于前辈、对于传统的深厚情感。从这个角度看，祭祖的仪式不在于繁简，而在于我们心里是否长久安放有祖先的位置，我们也因此担起了承上启下、承前启后的责任。每一代人都有每一代人的责任，而绝非可有可无，这也正是祭祖的意义。

祭祖之后，家里的长辈就要坐下来接受晚辈们磕头拜年了。当然，晚辈们的头是不会白磕的，长辈必会笑盈盈地掏出预备好的压岁钱，递到晚辈们的手里。家的温暖就这么一年年和乐地接续着。

说到磕头多聊几个细节，现在倡导传统文化，很多人给长辈拜年也跪下来磕头了。既然磕头就要有个磕头的样子，作为一种礼仪，看上去要得体，跪在地上的时候臀部不能比头高。再有，拜年磕头一拜一叩足矣，心意到了就行，不必行三拜三叩的大礼。最重要的是，按照老规矩，给在世的长辈磕头不能脸正对着脸，而是要偏开一个角度，因为给祖宗牌位磕头才是正对着的，活人受不起这个头。

引经据典

《列子·汤问》《论语·学而》

生财有道

　　平心而论，都是养家活口维持生计，谁不想多挣点钱呢？至于钱是怎么个来路，又是怎么个花法，可就大有说道了。

　　很多人以为传统文化是不齿于谈论挣钱的，这可是个误会。古圣先贤不仅大张旗鼓讨论怎么挣钱，而且把来钱的正确途径归于近乎真理的"大道"写进经典里，这就是《大学》里所说的"生财有大道"。生财之道并不是说用什么办法能搞到大把的钱，而是讲让财富得以常用不竭的办法。生财究竟靠什么道呢？

　　首先要"多"。多些个谋生的本事，挣钱的路数也就多了。俗话说技不压身，现在有些人能把自己生活中的兴趣爱好从"小确幸"演变成生财之道，挣愉快的钱，这就是一种本事。对于企业来讲，多几种产品储备，多一些经营门路，多几位未雨绸缪的后备人才，以应对纷繁复杂的市场环境，便是一种经营能力和创新能力。

　　其次要"少"。兴趣爱好谁都有，即便没本事发展出几条变成生财之道，也要尽量少在没必要消费的地方耗费钱财。减少消耗，这何尝不是一种安生乐业的生财之道呢？

　　再次要"快"。外卖小哥都跑得很快，因为他们最明白腿越勤快，来钱越快。对于经营者来说何尝不是如此呢？如果把怎么挣钱当作经营的策略来考虑，就是要眼快、心快、行动快，特别是在现在这个市场信息瞬息万变的时代，谁能迅速抓住风口，谁就能抓住财富。有位互联网大佬说"站在风口上，猪也能飞起来"，话糙，理不糙。好些能力很强的经营者总是错过发财的机会，一个重要原因就是因为对市场的反应不够敏捷，行动不够果断。

最后要"慢"。无论是生产经营还是商业经营，都少不了耗用性消费。怎么才能尽量放慢消费节奏，让钱花得合理舒缓，靠的是理财的本事。理财的"理"不仅表示整理，还有理性的含义。

不论是个人还是企业商家，要能做到上面说的"多""少""快""慢"四点，就基本上能保证手头总有些钱了，相当于有了恒久性收入。

人为什么都希望多挣钱呢？多挣钱的根本目的就是让自己身心舒展地生活，或者是为了实现某些人生理想。那些为了多挣钱终日损伤自己身体的人，比如成天熬夜、成天喝大酒的人，把自己的身体当成了可以过度使用的挣钱工具而不知道养护。一个连自己身体都不爱惜的人，又怎么能说对自己的人生负责呢？对自己的人生都不负责的人，又怎么可能对自己的家人负责呢？这样的人也就更谈不上爱护家人了。如果把陪伴家人的时间全都挤占了去忙着挣钱，那挣再多的钱恐怕也未必能有理想的生活，挣钱图什么呢？

挣钱并不等于生财。生财是要让财富像生命一样生生不息地活起来，让财富帮衬着人更好地活下去。财富也不仅仅是钱，还包括能力财富、知识财富、精神财富乃至友谊财富等等。财富有一个不断积累、不断成长、厚积薄发的过程。有的人年轻时候练就的一些本事，几十年都没觉得有什么用，几十年后忽然有一天浮出水面，转化成了可观的财富，这种例子不在少数。

你的种种努力，你的人生历练，你曾经用真诚换来的友谊，连同你走向理想的每一步足迹，都是你的积淀，终有一天会生长出财富之树，回报你价值之果。这个过程或许要十年，或许要三十年，但终究会有。成语"功不唐捐"说的也是这个意思。该是你的财富终会属于你，这才是生财的大道理。

引经据典

《礼记·大学》

躺平无为

谁也没料到，进入21世纪20年代，"躺平"成了流行语。"躺平"可不是说仰面朝天平躺着休息，而是指一种无所事事的生活态度。"躺平"的人放弃奋斗，面对压力不反抗，面对工作"无所谓"，面对"内卷""爱谁谁"，美其名曰："这叫无为。无为就是要'宅'在家里，啥也不干。"

道家经典《老子》里的确几次提到无为，却并没有啥也不干的意思。所谓"上德无为而无以为"，是说具有上乘德行的人顺其自然，不刻意而为，是把"无"当作一种"为"。

"无"的意思不是没有，"无"是一种"有"，而且是意义独特的"有"。从某些方面讲，"无"很像是数字0。0当然不是没有数，正如0℃不是没有温度。0是衔接正数与负数的中性数。0是一个独特的存在，比0多就一点一点盈，比0少就一点一点亏，就像"为"，有积极而为，有消极而为；"为"能促成，也能促毁。

什么是"为"呢？"为"的甲骨文是一只手牵着一头大象。想想看，能牵动大象当然不是靠手的蛮力，而是顺着大象的劲儿去牵。万物生生不息是其本性使然，并不需要外界过多的干预。人们见证它、顺应它、辅成它，万物自然而成。

人法自然，待人接物不妨效法万物生长的规律，不刻意影响，不主动干预，把握好分寸，去顺应事，去辅成人，成效自会彰显。这就是《中庸》里讲的"无为而成"。无为的说法并非道家所独有，先秦诸子里的很多派别都阐释过无为的观点。

人们常听的"无为而治"这个词并不是《老子》里的，而是《论语》里孔子说的。所谓无为而治，无为恰恰是为了治理。谁有资格治理？当然不是小老百姓，而是管理者。管理者不过多干预基层的事，不给底下无端施压，不没事找事、主动生事，让基层瞎忙活却没实效的事不要干，这样的作为叫无为。管理者无为，底下才有可能发挥出作用，才会展现出力量和才智而有所作为，这才算得上是治理。无为而治的感觉，恰如用一只手牵动一头大象那样的庞然大物。

无为而治的思想不仅在道家、儒家的经典里有，法家思想中同样有所体现。"最笨的领导啥都自己干，一般的领导让别人卖力气干，高明的领导让别人殚心竭智地干"，《韩非子》里这段话同样是对无为的阐释。高明管理者的无为，绝不是啥也不干，而是一种很高明的作为，这种视之不见、听之无声却功效自成的作为需要深厚的积淀，需要周围人的信赖。就像有时候不说话不是没表态，而是一种很独特的表态，这种表态需要历练与涵养。

小老百姓谈不上治理别人，能照管好自己和家里人就不错了，要真成天价什么也不干，怕是生活都有困难。不过面对当下纷繁复杂的大环境，作为普通人不妨借鉴一下无为的思想。快节奏让人疲惫，高压力使人倦怠，很多人感觉无论怎么努力都收效甚微。这个时候倒不如不把挣钱或求仕途当作直接目的，不扭曲自己，不伪饰自己，尝试一下顺着自己的性子发展些真正的爱好，过一种乐在其中的小日子，为一些不出于任何目的的作为。无为也可以理解成不为了什么，或者说不特意为了什么。如果说这种没有直接目的性的无为叫躺平，那躺躺也不错。

　　当你对周围环境悲观的时候，可以乐观地"躺平"，但不能"睡死"过去。无为是活出自己舒畅的状态，实现自己更多的可能，最终长成自己本然的样子。毕竟，生生不息是万物的本性，也同样是人的本性。

引经据典

　　《道德经》《礼记·中庸》
　　《论语·卫灵公》《韩非子·八经》

朋友交情

常言道"在家靠父母，出门靠朋友"，对于步入中年的一代独生子女而言，恐怕连赡养父母也会更多地依靠朋友。究竟什么是朋友呢？古人把"朋"和"友"分开来论，"同门曰朋，同志曰友"。"朋"更像我们今天所说的同学，而"友"在甲骨文里是并排的两只右手，象征着相互扶持，有事的时候彼此可以伸把手，进而引申为志同道合的人。现在不分那么细了，统称为"朋友"。事实上，现在人们最初的"友"也大多来自同学群体的"朋"。这倒让人想起那首脍炙人口的童谣："找呀找呀找朋友，找到一个好朋友……"怎么才能找到自己的好朋友，成为每个人走上人生旅途必修的功课。

《礼记》里有一篇《学记》，讲到取友的前提是乐群，是说先学会和自己所在的群体相处，日后才有可能找到一个好朋友。有时候你所在的那个群体未必人人都能入你的眼，但你却改变不了群体，即使是这样也要找到自己在群体里合适的位置安然而栖，尽量和大伙儿和睦相处，这个本事就叫乐群。

群体里的人各种各样，有的积极上进，有的浑浑噩噩，有的甚至自甘堕落，正如一个缩小了的社会一样复杂。乐群并不是一味随大溜儿，更不是放弃自律，而是在适应群体环境的基础上寻求自立，这是找到一个好朋友的前提。乐群挺难的，古人把它看成足以和敬业相提并论的素养，需要长期学习和历练才行。

真正志同道合的朋友是血脉之外最亲近的人，就连不能对家里人讲的话都可以说给好朋友听。然而这样的朋友毕竟少之又少，至少需要六七年工夫才能从群体里选取出来，所以叫作取友。正因为真挚的友谊如此可贵，朋友在传统文化里才得以归入人生最重要的五种人伦关系。与五伦中其他关系不同，朋友可以说是让人感觉最舒服的一种关系——彼此之间平等相待，自由而不勉强，可以深也可以浅，可以不为利益所牵绊，可以超越身份，可以忘记年龄，可以相隔万里，也可以三秋不见，还可以同时有互不排斥的很多位好朋友。

朋友是交出来的。交友，当然不能仅是一面之交。交往，需要经常走动，需要你来我往，往而不来或者来而不往都不可能交到真朋友。这种来往并非要相互赠送什么贵重礼物，更多的是一种情感的交融和对于共同爱好的切磋，朋友之间必不可少的交谈与交流正基于此。

交情是需要维系的。毕竟朋友来自后天结交，而不是先天注定，唯有依靠彼此信任的力量才能维系情谊的长久。信任源于真诚，这种真诚强调的是双方都要对相互之间的言行承担责任。信任对方，就要把对方说的话当回事，把对方托付的事放在心上；同时自己必须恪守对朋友的承诺，得到对方的信任。真正的友谊容不得虚伪，唯有彼此互信才能称为朋友，如果一方经常失信，友谊也就自然破裂了。朋友之谊弥足珍贵，就像珍贵的瓷器，坚硬、漂亮但易碎，时间越久越有价值，可一旦破裂，就再也修补不成当初的那件珍品了。

　　要想友谊地久天长，朋友之间要留有余地，彼此做到尊重对方的人格，不能强求对方违心迎合自己，做什么事都依着自己；更不能期望对方竭尽全力为自己奉献；即便是尽心忠告，也要讲求方式方法，柔而不刚，以诚相感，这样才能成就朋友之谊。毕竟朋友之间并无血脉相通，全凭信任的纽带结成的交情相连。

引经据典

《礼记·学记》

友

孤独几重

　　独自在家的时候，你是否会感觉孤独？好像非得弄出点儿什么动静心里才觉得舒服，比如开着电视并不去看，或者打开音响却不特意去听。很多人就是这样，要是有一段很长的日子闲在家里，甚至会无聊得心里发慌，觉得自己孤苦伶仃的。

　　这种让人害怕的心境其实并不来自孤独，而是因为寂寞，是离开了群体所带来的失落。没有人和自己说话，心里一下子觉得空落落的；不受别人支使了，反倒无所事事；整个人仿佛一下子置身于巨大的虚无里，不知道该如何是好。究其根本，就在于传统文化更多的是强调群体意识，在家是天伦之乐，在外要四海为家，对于孤独，只留下了两个字——慎独。

　　慎独，一个人的时候要格外小心，即使没有人督促也要严格要求自己，不能贪图安逸；即使没有人监督也要自觉管住自己，不能放任欲念纵容嗜好，不能不负责任地胡来，要遵守各项公共道德。这就是大多数人心目中的慎独。慎独不光是针对有权有势者，一般人也同样需要注意。比如一些社会上的闲人独自在社交平台上恣意妄为，发泄些不负责任的言论，自以为没人知道他们的身份，没人能管他们，这就是不慎独。

慎独可以表现为自律，但慎独远不限于自律。一个人孤独的时候，也恰恰是心性最自由的时候，你不受外界干扰，可以和真实的自己相处，这正是了解自己的绝佳时机。孤独让人能看到真实的自我，很多人害怕孤独就是因为不敢直面真实的自我。自己都不明白自己是怎么回事，又怎么可能不做后悔事呢？所以，不要怕直视自己。真诚地直视自己，也是一种慎独。

自己讨厌什么，自己喜欢什么，自己应该明白，就像闻见臭气就赶紧避开，就像对意中人由衷的喜爱。自己领会到的，自己体察到的，别人看不见，自己最清楚。孤独可以让人察觉自己的本性。

你有没有注意到，你的心并不像一块实心的木头疙瘩，而是一个由快乐、恐惧、愤懑、哀怨、渴望等等情绪交织在一起的整体。孤独能让你清晰体察到哪一种心绪占了上风，比如你能感知到喜悦，也能感知到愤怒、忧伤……如果焦虑、悲观、紧张长期主导着你的心绪，就会拧巴成心结，让你的烦恼或苦闷难以解脱。同样，长期的喜乐会让你心里发飘，忘乎所以，也并不是什么好事。如果你不能明显感觉到某种情绪过度激荡，恰恰说明你的心绪很平静，正如"琴瑟在御，莫不静好"，这个状态的你就是自洽了，自洽了之后，才有可能和别人融洽相处。

　　其实大多数人并没有体会过真正的孤独。真正孤独的人心里不会发慌，孤独让人充实，孤独让人自在，孤独让人领会到藏于自己心灵深处的存在，正如"孤舟蓑笠翁，独钓寒江雪"。你想，那寒江上钓雪的蓑笠翁是怎样的悠然自得？可见，慎独是一种泰然自若的心境，是顺应人的本性的，并不是和自己找别扭，更不是时刻警惕着自己陷入颓废与堕落。摸清自己的底子，深挖自己独有的特质，把握自己，依赖自己，活出自己最好的样子，这才是深层次的慎独。

　　人在群体里往往受到种种外在的制约，不自觉地戴上各种面具，连自己也看不透自己。孤独的人不再需要遮掩，不用做任何伪饰，可以清清楚楚看到自己本来的模样。人在群体里总免不了听到各种顺耳的或不顺耳的话，说些真心的或违心的话。而孤独的时候不必说话，于是可以独立思考。独立思考是一个人最宝贵的财富。如果能有一段孤独的时光，那是个难得的机会，或者说是笔财富，千万珍重。

引经据典

《礼记·大学》《礼记·中庸》《诗经·女曰鸡鸣》

姓氏名字

每个人都有自己的名字。别人用这个名字来召唤你、辨识你，你通过名字与社会发生关联，名字让你有了最基本的存在感。现代人的名字是由前"姓"后"名"两部分组成的，不再有传统意义上的"字"。只要不违背公序良俗，"名"可以随便起，家长们都会绞尽脑汁为孩子选取个好听、好记、有寓意的好字眼儿。"姓"则不劳各位费心，大多数人遵从传统随父姓。当然，移风易俗，按现行法律随妈妈姓也没任何问题，不过妈妈的姓一般还是随她的父亲。还有个别人随抚养人姓，这另当别论。

以父姓为姓的传统并非自古有之，而是始于战国晚期，到了西汉才完全确立，此前可不是这样的。姓，从字面上看象征着女子所生。先秦时期的姓也确实是用来标识人的母系血统的，所以是随母姓，母系氏族社会的文化痕迹在当时依稀残存。直到现在，我们仍然能从一些姓中找到上古时期的影子，比如姜、姬、姚这些带女字旁的姓。

母系氏族社会时期，在同一个氏族内部只有血亲关系，他们用共同的姓作为辨识族人、恩爱亲人的血脉标志。同时，作为一种文明制度，氏族内部男女之间不许联姻，这也就是后世"同姓不婚"的来历，可以认为是最早的优生优育制度。几个氏族形成部落，部落之间才有姻亲关系。后来，氏族繁衍得越来越壮大，于是又有了辨识不同人父亲血统的"氏"，一直传到战国时代。比如孔子是子姓、孔氏，而屈原是芈姓、屈氏。社会制度逐渐向父系结构转化，让"氏"又有了分辨父系社会地位高低的功能，于是姓用来别婚姻，氏可以明贵贱。

战国时代礼制崩坏，姓氏地位也开始颠倒。进入西汉，母姓彻底废弃，"姓"开始遵从父系，而"氏"反倒可以用来标识已婚女子的娘家，直到20世纪80年代的相声里还把"姓洪的嫁给姓希的叫希洪氏"当作笑料。"同姓不婚"的原则在血缘很近的乡村一直存在，只不过是依照父系血统来判定的，在大城市里则自然消亡了。

现在给小孩起名是出生之后没几天就要登记在出生医学证明上的，古人是在出生之后三个月由父亲起名，所以也叫"幼名"。男孩长到二十岁要请一位德高望重的前辈乡贤起一个字，这种规矩源自先秦束发加冠的成人礼"冠礼"，所以也叫"冠字"。一般来说"字"与"名"会有关联性：可以相近，比如张飞字翼德；也可以相反，比如韩愈字退之。古代女孩子到了十五岁要举行结发为笄的成年礼，挽起长发插上簪子。如果已经许配人家也要取字，比如唐代女诗人薛涛字洪度。如果还没有找到合适的人家就暂不取字，于是便有了

"待字闺中"的成语，表示等待许嫁。

人一旦有了字，就意味着是一个可以独立于社会、应当受到周围人尊重的成年人了。自此，"幼名"只能作为表示谦卑的自称，父母长辈可以直呼其名，其他人则不能这么称呼他。其他人只能称其"字"而不能呼其"名"，否则就意味着自己粗鄙无礼。

姓氏名字的老规矩曾经是生活中传统文化的重要组成部分，知道些这方面的常识，有助于弄明白文学作品或影视剧里旧时代那些复杂的人物称呼。不过，了解一下也就够了，这些传统没有必要也不可能恢复。即使你今天真的取了个"字"，公安局也不会给你印在身份证上。毕竟文化是要跟上时代的，文化发展的趋势是简约、明快，这一点挺像服装的发展趋势。

引经据典

《仪礼·士冠礼》

小足常胜，
岁月静好，
方为长乐。

02

生活的基本需求莫过于衣食住行。像空气一样维系着我们生命的传统文化，正是源于祖先们对衣食住行的直观感触和朴素认知。传统因其平易俗常，所以才无时不有、无处不在；文化因其日用不觉，所以能博厚悠远、生生不息。在衣食住行这些最基本的生活方式里接续传统的精髓，丰富文化的意蕴、回应日新月异的潮流，不失为一种有益的尝试。

 衣着得体

衣食住行，衣在首位，为什么呢？恐怕是因为穿衣服代表着人与动物的区别吧！

自从人类进入文明时代，衣之于人虽不能说是像空气和水一样须臾不可离开，但却肯定算得上是日常生活的基本依赖，正所谓"衣者，依也"。衣服可以保温、防晒，可以遮羞、护体，这些属于服务于人自身的基本用处。同时，衣服也可以显示人的身份，标识人所在的群体。一个人穿什么样的衣服，体现着他有什么样的社会地位和经济地位。这些功用表面上都是给别人看的，可正是这些外在属性实实在在地彰显了一个人的内在品质，不仅让衣服天然地成了艺术品，而且具有了极强的文化属性。

这几年传统文化热，很多人希望通过自己的着装来体现对传统文化的热爱，于是，穿着各色古装到古建景点打卡照相，或是参加一些社交活动，成了各个年龄段人群的共同时尚。结果是当你走进故宫、北海、颐和园，可能一下子不知道自己穿越回了哪个朝代，从汉唐宋到元明清，历朝历代的装束随处可见，"贵妃""才女""皇上""格格"们大步流星地从你身边经过，时不时还有几个身穿飞鱼服的"锦衣卫"

和唐朝的"剑侠"一起攥着道具摆弄着姿势，大有关公战秦琼的幻觉。于是问题来了，究竟穿着什么样的服装才算传统呢？

事实上，几千年来我们祖先的衣服一直处于变化之中，而且深受民族交融影响。且不说材质、工艺，单说款式就千差万别。不同朝代的装束不同，同一朝代不同时期的装束不同，同一时期、不同社会阶层的装束不同，同一社会阶层甚至同一个人在不同场合的装束也截然不同。从商周时代的上衣下裳、束发右衽，到秦汉时代的穿深衣、着胡服；从魏晋时代的宽衣博带，到唐代的短襦长裙；从宋代的直领对襟，到明代用纽扣代替带结……着装的变化几乎一刻也没有停息过。古代社会对什么人穿什么衣服有着明确的服制规定，不同身份的人在特定场合穿什么衣服、戴什么配饰绝不敢随意乱来。看来，要想找到某一套衣服、某一种款式全盘代表传统文化几乎不可能，而事实上我们也不可能穿越回古代的任何一个朝代。

尽管几千年来服装形式变化万千，但是其外在功用的本质从来没有变，那就是"顺礼"。什么是"礼"？"有礼者敬人。"穿衣服是给别人看的，那就要体现出对别人的敬意，这同时也是对自己的尊重。怎么体现出这双重的敬重之意呢？"礼者，体也。"得体，是穿衣服的基本法则。怎么才算得体？与身份相配，与环境相称，与时代相融，就算得体。比如参加各种正式典礼要穿这个时代的主流正装，婚礼要喜庆，丧礼要深沉，其他典礼要郑重。运动休闲就别端着个架子装严肃了，穿着轻松舒服、干净整齐就算得体。在体力劳动场合，都未必讲究干净利落，干起活来安全方便就算得体。对于配备制服的特定职业来说，在公务场合一定要穿制服，在生活中则不应该穿制服了。比如警察的警服、乘务员的工装甚至医生的白大褂都是制服，但所谓的公务员夹克不算。

至于具体的服装款式，随着社会发展不断变化是必然的。也别说几千年，即便近一百年来，大众普遍穿着的衣服也在不断变化着。我们今天的社会，除个别特定职业有制服外，并没有法律规定的服制。穿衣服让周围的人看着顺眼而不违和，就算到位，如果能既不异于众，又不流于俗，那就是穿出了神采。孔子谈到穿着时讲过"其服也乡"，而不知道什么是儒服，正是这层意思。传统文化重在继承内在本质，而不在于表面形式，这一点在服装上尤为典型。

引经据典

《后汉书·舆服志》《孟子·离娄下》《礼记·儒行》

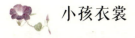 ## 小孩衣裳

　　不知您注意没有，现在中小学生在校园里穿的衣服全都一样——一水儿的运动装式样的校服，看不出同学之间有什么差别。但脚底下的鞋子却很不一样，从颜色、款式到品牌五花八门，价格从几十块钱、几百块钱乃至几千块钱的都有。绝大部分学校只是规定了穿运动鞋，而没有统一要求具体穿什么款式。于是，孩子们就是全凭脚底下这双漂亮的鞋来追逐潮流、张扬个性，同时暗含着体现了自己的经济条件和家庭背景，真应了那句俗话"脚底下没鞋穷半截"。

　　孩子的鞋是家里大人买的，穿着舒服、抱脚是第一位的，挑选一双孩子喜欢的款式也无可厚非。但如果太过昂贵追求名牌，或是三天两头更新换代，对孩子不仅没多少好处，而且隐藏着不小的害处。孩子会觉得自己脚下踩着的不是走路用的鞋，而是垫高身份的招牌，认为周围的人理所应当高看他一眼。孩子们争强好胜的心气很高，但这种优越感却又不是通过自己刻苦努力换来的，结果难免把自己孤立起来，和周围的同学融不到一块儿去，或者得意忘形而不知脚踏实地，长此以往自以为是，结果连吃亏都不知道是怎么吃的。穿着朴素不仅是个节俭问题，更是对孩子的培养与保护——培养

他们谦逊低调，融入周围的环境，保护他们不遭无端的妒忌。

孩子的穿着打扮往往由家里大人决定。《曲礼》说"童子不衣裘裳"，讲的是不要给孩子穿贵重的衣服和成人款式的衣服，也就是要穿着合体。所谓合体不仅是与孩子身材的高矮胖瘦相适宜，也包括和孩子的身份相匹配。孩子身上衣、脚下鞋都是家里大人安排的，大人是孩子天然的依附，看到了孩子的衣服也就看到了他所依附的大人。成天把家长的经济实力挂在身上招摇，对孩子能有什么好处呢？与其靠父母挣面子，倒不如让孩子知道面子不是穿在身上的外衣，而是刻在骨子里的教养。

说到给孩子穿衣服，现在有一种怪现象，就是给孩子穿上和他们年龄并不相称的成人服装，打扮得像小大人儿似的，郑重其事参加各种演出活动或在景点摆拍照相。有让幼儿园小朋友穿上燕尾服、西式礼裙跳交谊舞的，有让小男生穿上相公、进士的衣服背古诗演节目的，有让小女生穿上古代后妃命妇的霞帔吹拉弹唱的，有装扮成清代皇帝和贵妃在故宫、北海打卡留念的，甚至有稀里糊涂穿成明朝太监样子的……孩子们未必喜欢装扮成那个样子，是大人们把孩子当成了活玩偶。在大人们看着开心的同时，有没有想过穿成这样的孩子是否还像个孩子呢？让孩子们拿着劲儿去低眉顺眼地装大人，或是去体验"小皇帝""小贵妃"的飞扬跋扈、趾高气扬，对他们真的好吗？孩子当然可以穿古装。看看古画就知道了，古代有非常生动活泼的童子服，何必非要装成个老气横秋的小大人儿呢？

孩子们如春芽幼草，活泼、灵动是他们的本色。孩子的世界与大人截然不同，能显露孩子天真本色的衣裳才是最适合他们的衣裳。家长给孩子选衣裳别忘了辅成孩子成长，让孩子依靠自己应有的模样做个真实的小孩儿，这才是对孩子真正的疼爱。

引经据典

《礼记·曲礼》

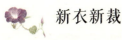 **新衣新裁**

"新年到，新年到。

穿新衣，戴新帽。"

进入新年，人也要焕然一新，过年的时候穿上一身新衣裳是老一辈留下来的传统。

什么叫新衣裳？从前人的理解跟今天不大一样。从前所谓新衣裳是指专门为这个人量体裁剪缝纫的衣裳，用今天的话讲叫私人订制，而不是按号买来的成衣。过去没有服装厂，做衣裳要么是家里的主妇亲力亲为，要么是买了料子拿到裁缝铺去请裁缝做。那时候也有专门卖衣裳的店铺，叫估衣铺，卖的估衣几成新的都有，即便是刚做好还没人穿过的衣裳在估衣铺卖也叫估衣，不能说是新衣裳，所以才有"下剪子为估衣"的说法。

衣之始裁谓之"初"。新年穿的新衣裳多半在重阳节前后就要开始裁剪，然后千针万线缝起来等到新年穿，寄托着亲人的依依深情。衣本身就有相依之意，饱含温情的新衣裳既贴身又贴心，当然不能随随便便就往身上招呼。穿新衣之前务必要彻底洗个澡，整个人浸在温热的水里泡透了出来，人还是那个人，却焕发出崭新的精气神，再穿上一套里面儿三新的新衣裳，嘿！真应了成汤刻在澡盆上的那句话——"苟日新，日日新，又日新"，浑身上下都透出一股新鲜劲儿。

有道是温故而知新。温故，就是浸在传统文化的温暖里泡透了；知新，就是以崭新的面貌应对当下，迎接未来。如果你遇见这么一个人，他能不断地自新，每天都展现着一个有新意的自我，那他就合乎当老师的标准了，你要向他学习。

什么是新呢？木之始伐谓之"新"。甲骨文的"新"字看起来像是用斧子劈砍树上的木柴。劈柴和"新"有什么关系呢？有人说砍下来的薪柴是新的，有了薪柴才能生火，正如有了水才能做饭，有了薪水才能生活，所以工资又叫薪金，领工资叫领薪水。尽管薪柴总有烧完的时候，但薪尽火传，希望之光常新。

也有人关注劈柴用的那把斧子。总劈柴的斧子必是磨得锃光瓦亮、常用常新。劈开坚木硬结正如开辟创新，从无到有，离不开坚毅和勇气。

能砍下薪柴的树木应该不是小树嫩芽，而是那种历尽风雨、满目疮痍的老树旧枝。于是有人说砍下木柴，粗糙的老树皮里才会露出新鲜的木质，枯木才会生出新芽，长出新枝。老树虽枯，但深入大地的根须仍然吸收着养分。新芽、新枝正是依赖老树的滋养，接续着老树的根脉，承载了老树的底气，同时突破了老树被风雨侵蚀的朽皮旧结，才得以生长出新绿，散发出自然宜人的清新气息，重新枝繁叶茂。可见，新，正是从旧里得到力量，不断充实、不断突破，才得以展现出勃勃生机的。

新，可以是没用过的器物，比如新衣裳、新车、新房。新，可以表示刚刚开始，比如新年、新春、新婚。新，也意味着更新、革新、新潮等等突破，意味着新体会、新发现、新知识等等开辟性的认识。无论是哪种新，都是在深化传统的基础上突破传统、推动传统、升华传统。无论是想创造出什么样的新，都离不开希望和勇气。

引经据典

《礼记·大学》《论语·为政》

新

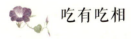

吃有吃相

　　是个人就会吃饭，可能不能吃得好、吃得体面，就两说着了。观察一个人怎么吃饭，能够看出他有没有家教，还能大概估摸出他的品性来。曾经有个单位招聘一名关键岗位的新主管，若干轮笔试、面试之后只剩下七八位入围，到底选谁呢？这时候大领导说了："各位辛苦了，我请大家吃个便饭吧。"满满一桌饭菜摆上来，大伙儿围坐四周高高兴兴美餐一顿，大领导谈笑风生间察言观色，确定下了合适的人选。原来吃相成了每个人压台的考题。

　　中华文明号称礼乐文明，礼是传统文化的核心。礼从哪儿来呢？礼从饮食而来，也就是怎么吃饭。在传统文化里，吃饭不仅仅是把饭放进嘴里咽下去那么简单，而是重要的礼仪活动。

　　《礼记》开篇之作《曲礼》，讲的都是生活小节中的礼仪。《曲礼》里有一段专门说了吃饭的注意事项，简称"十四毋"。我们今天的饮食方式跟先秦时代大不相同，很多当时的就餐礼仪已经失去了现实意义，像不要把饭攥得很死的"毋抟饭"，攥过的饭不要放回饭桶里的"毋放饭"，现如今没人直接下手抓饭吃，自然也就不必嘱咐了。不过也有一些规矩现在仍然应该注意，像喝汤的时候大声吸溜吸溜地喝，一边吃一边吧唧嘴，咔嚓咔嚓啃大骨头，和别人一起吃饭的时候发出这些怪声来都挺招人烦的。类似的，当着一桌人的面张开大嘴剔牙也不好看。有时候我们参加聚餐，端上来一大盘子香喷喷的肉片，你看吧，就有那眼睛放光的主儿，伸筷子一夹就是几大片，环视四周各位，忽然自己觉得有些不好意思了，怎么办？怯生生地又放回盘子里两片。这就犯了"毋反鱼肉"的忌讳，尽管算不得大错，也属于"非礼"的行为。还有人喜欢吃哪个菜，就不顾旁人自顾自地吃个没完，恨不得把盘子端到自己跟前，让人看了觉得特没出息。

说到"毋投与狗骨"，我想起了一段亲身经历。有个单位请我去讲课，接待我的领导中午特意请我下馆子，饱餐之后这位领导看了看剩下的半盆羊蝎子，笑呵呵言道："剩下这么多扔了怪可惜的，现在讲究'光盘行动'。"一转身朝外喊："服务员，把剩下的羊蝎子打包，带回去给我家狗狗吃去。"在一边的我听得好尴尬，心里琢磨"敢情我吃的跟您家狗狗一个待遇？"。尽管我明白这位领导并没有那个意思，可这句话让人听了觉得刺耳，这正是"毋投与狗骨"的道理。在传统文化里人和狗是不能相提并论的。无论你怎么爱你家的狗狗，如果把它抱到餐厅里和你并肩坐在一个桌上用餐，周围的人看了心里免不了觉得膈应。类似的，有时候无意间说的一句话会伤人，往往是因为不知礼。就比如请人上楼或是上台的时候不能说"把谁带上去",而应该说"陪谁上去"。礼无处不在,只是你不觉得。

　　当然,礼不是一成不变的。比如"吃黏米饭不要用筷子"是因为当时人们觉得黏米容易粘在筷子上,再用这双筷子去夹菜,其他人会觉得不干净,而这个问题在今天使用公筷就解决了。《曲礼》里说"食至起",是因为那时候都是在家里请客,出于对主人的敬意,把饭菜端上来的时候客人要起身站立。今天在餐厅吃饭大可不必,但上菜的时候要让出个空档方便服务员摆盘。至于"宾至起",有贵宾到来,其他人需起立表示敬意,等贵宾就位后大家再坐下,这种规矩从古至今都是一样的。

引经据典

　　《礼记·曲礼》《礼记·礼运》

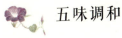 五味调和

我们传统文化的很多基本观念来源于最俗常的人间烟火。谁不想吃美味佳肴呢？如果不亲自尝尝，就不知道它究竟怎么好吃。同样道理，谁都向往至道真理，可如果不亲身学习，怎么会明白究竟有多么高明呢？《学记》用这句话来强调学习的重要性："虽有嘉肴，弗食，不知其旨也；虽有至道，弗学，不知其善也。"看来学习同样是从怎么吃引发的。

说到美味佳肴，又引出了一个很经典的说法——五味调和。现在人通常是把"酸、甜、苦、辣、咸"五种滋味搭配合适了叫作五味调和。单就一道菜而言，中餐通常不是只用一种食材，当然也就不仅只有一种味道。这么一来，谁和谁调配，什么味作为主味突出，哪些味作为辅味烘托，这之间就有一个选择配比和烹制次序的问题了。如果是搭配一桌菜，就更要注意口味之间的平衡。平衡并不是平均分配，而要因人、因地、因时而异。卖力气的人口味偏咸，小朋友喜欢吃甜，江西、贵州人生怕不辣，东南沿海人偏爱清淡。同一个人，春夏秋冬一年四季的口味也会变化。

传统的五味并不是"酸、甜、苦、辣、咸"，而是"甘、苦、酸、辛、咸"。这头一个"甘"并不等同于吃糖那种齁嗓

子的甜，"甘"更倾向于白嘴儿嚼馒头、米饭，嚼到最后嘴里那隐隐的一丝微甜。所以"甘"从"口"含"一"，象征着谷物本真的滋味，古人把这种没有任何刺激的甘味看作五味之本。

相对于从盐里体味到的"苦"与"咸"和从酒里体味到的"辛"与"酸"的浓烈刺激，"甘"透着滑润适口、柔和舒坦，可谓甘美。五味之中也唯有"甘"才配称得上美，而没有听说过酸美、咸美、苦美、辣美。如果是多种食物相互配合，经过水火调味烹饪之后，浓烈的不抢，寡淡的不没，各自的滋味都能体现得恰到好处，生成一种吃起来很舒服的全新味道，像"甘"一样让人乐于接纳，也就算调到"和"的境界了。"甘"可以接受诸味调和但又不抹杀任何一味，就像白色可以容纳各种色彩但又保持了各自的本色。这也就是为什么烹饪大师做出的一道菜总体上是一种与众不同的新味，仔细品品，其中的各种食材又分明保留着其特有的滋味。"和"意味着兼容五味而生新。一般人做的菜分不清谁是谁，只能叫一勺烩。这就是"和"与"同"的区别。

粮食之"甘"来自大自然中的阳光照耀，沃土培养、雨露滋润、犁耙耕作等等诸多因素交和于禾苗生长出的果实。以禾为和，方得甘美。和，是多元要素交融结出的成果。和，意味着完美的境界，所以称作和美。古人由此抽象出了木水火金土五行调和的理念，衍生出了五行对应着五味的构架——木对酸、水对咸、火对苦、金对辛、土对甘。至于为什么是五味，而不能是三味、六味，恐怕还是来自人把握万物的一只手，长有五根长短粗细不同却能协调合作的手指头。所以说"凡和，春多酸，夏多苦，秋多辛，冬多咸，调以滑甘"。调，意味着不同个体相互协作，调出的新成果当然是"和"。

"和"的概念由饮食而出，经过提炼升华，逐步发展成传统文化中的重要理念。和，意味着不同要素协调统一，同时又各自保持着个性，比如声调乐器之和，比如夫妻之和，比如君子相处之和，比如一个人适时适度表达自己喜怒哀乐的情绪之和。和，是存在差异的个体之间相互承认、融洽共处。和，必然产生出新的成果。声调乐器之和创作乐曲，夫妻之和诞生子女，君子之和取得成就，情绪之和培养出一个能从容应对五味人生的成熟新人。

引经据典

《礼记·学记》《礼记·内则》

中餐其旨

　　中餐有什么特征呢？肯定不在食材。不管是宫保鸡丁里配的辣椒，还是春饼里卷的菠菜，都是引进的。这么说吧，凡是"胡""番""洋""西"开头的菜全是外来户，比如很家常的胡萝卜、番茄、洋葱、西葫芦等等。就连早年间穷苦人的看家饭白薯、玉米面窝头也来自万里之外的美洲。至于土豆炖牛肉、腊肉炒荷兰豆就更是混搭了，只能说中餐的用料海纳百川，来者不拒。

　　烹饪工艺也不好说。炒是中国独有的技法，但烤鸭的烤、煮面条的煮乃至于蒸馒头的蒸在外国也很常用，像法式蒸蛋、土耳其蒸汉堡、印度蒸米糕都是蒸的。有人说外国菜突出个性，肉是肉，菜是菜，泾渭分明，中餐则是把肉和菜混在一起合烹。这好像也没说在点子上。中餐的合烹并不是几种食材简单的混搭，而是讲究层次清晰口味分明，即便是小葱拌豆腐也要一清二白，乌里乌涂一锅糨糊的菜没人爱吃。说到肉和菜，过去普通人家一年到头吃不上什么肉，经常是白菜虾皮熬豆腐之类的素菜，过年的时候却讲究满桌子大鱼大肉，几乎找不到青菜，这能说不是中餐吗？

　　那什么是中餐呢？传统上有个说法叫药食同源，把中药

的组方原则用到中餐上就很容易懂了。中药方剂学借鉴古代
国家"君臣佐使"四种人际关系来讲药材间的相互搭配。所
谓君，是指不可或缺的成分。比如，一碗炸酱面里的君是面
条，充饥解饱全靠面条，没有了面条，谁也不会只吃酱和菜
码。加上了酱，面条吃起来有滋有味，酱起到了辅助君的臣
子之用。至于用什么酱则可以不断变换，肉丁的、鸡蛋的、
纯素的都行，也可以用豆瓣酱、黄豆酱、甜面酱搭配着炸。
臣很重要，但不唯一。只用炸酱拌面条也可以吃，但总觉得
缺点什么，老北京叫作"光屁股面"。要想吃着顺口，还得配
上各种应季的菜码才好，香椿、黄瓜、青豆、白菜，和上酱
一拌，配菜佐餐，多几种少几样无所谓。要是再加上醋、蒜
调和诸味，就像使节一样开胃激香。一道菜里君是主料不可
或缺，臣和佐、使则不必俱全，如果君臣佐使相辅相成、恰
到好处，就称得上是美味佳肴了。您品吧，从烤鸭、涮羊肉、
葱烧海参这样的大菜到香椿炒鸡蛋之类的小菜无不如此，即
便是包子、饺子、糊塌子这些家常饭也都一样。

　　中餐体现着传统文化里的群体意识，讲究的是群体里各
要素间的有序相容，遵循着和而不同的配伍原则，各种食材
既不失独自的品性，又相互调和构成一个新的整体。至于口
味，无论食材贵贱，追求的都是一个和乐。乐是传统文化的
特质，口腹之乐也是乐。酸甜苦辣咸鲜香臭，吃起来是味儿
就好。年夜饭一家人聚齐了吃上顿宴席，体会的是天伦之乐，

平日里就着碟素净的"花毛一体"喝口小酒，也能乐在其中。中餐的每一道菜都是一个有序共享的团圆场，融进了这种理念，无论用什么食材、什么工艺，做出的菜都叫中餐。

　　对于中餐，不方便简单地用科学不科学来评价。就比如很多人觉得中餐菜谱上经常出现的"少许"不科学，觉得应该精确到毫克。有经验的大厨说了：同样一道菜，夏天吃和冬天吃加盐多少不一样，运动量大和运动量小的人吃加盐多少不一样，不同省份的人吃加盐多少不一样，甚至宴席先上和后上加盐多少也不一样。加盐多少要看给谁吃，什么时候吃。"少许"才是最恰当的表述，这也是一种以人为本。

引经据典

《黄帝内经·素问》

回家吃饭

　　无论你在天南地北，无论你在外头混得有钱没钱，除夕过年，回家吃饭，这是老规矩。

　　早年间，这顿年夜饭提前半个月就得准备着了。北方是磨豆腐、炖大肉、蒸馒头、包饺子，南方是熏鱼、卤鸭、蒸腊肉、打年糕。尽管全国各地年夜饭的大菜小吃不尽相同，但哪儿也少不了一条有头有尾的整鱼，或是红烧或是糖醋，看上去红红火火的。鱼寓意着一整年有头有尾，顺顺利利。在晋北的山区，活鱼是稀罕物，当地人甚至会专门预备一条涂了红漆的木头鱼，浇上汤汁，郑重其事地摆在盘子里端上桌。木头鱼当然不能吃，但礼数是不能少的。

　　照老规矩，年夜饭应该是家里人一起在家里吃的，可现在大城市里的人真能在家里操持出一顿丰盛宴席的越来越少。况且，平常都是儿女们的小家庭自立门户，只有过年的时候才聚到老家儿的住处热闹一番。为了图方便，更多的人家选择了去餐厅吃年夜饭的新形式。在哪儿吃，吃什么，其实并不重要，重要的是和谁一起吃这顿饭。能够跟你在一个桌上吃年夜饭的人都跟你有着亲缘关系——要么是血亲，要么是姻亲，甚至亲戚套亲戚，总之都是你的亲人。亲人相聚，这才是年夜饭永恒不变的主题。在年夜饭的席面上绝见不到你的同事、领导、同学、朋友，即使他们当中有些人跟你朝夕相处、情谊深长，也没有资格和你一桌吃年夜饭。年夜饭是属于一家人的饭。

对于人口多的大家庭，甚至会发生这样的情形，有的亲戚每年只是在吃年夜饭的时候才会见个面，第二年又眼生了，还得重新给你介绍："这是你四爷家三叔的二小子呀。""哟！小堂弟，一年不见长这么高了。"你们很少见面，甚至也未必能聊得来，但他有资格和你一起吃年夜饭，因为他和你血脉相通。现在生活好了，人的寿命长了，四世同堂、五世同堂都不罕见，只要长辈在，即使是平常不怎么来往的亲人，过年也要聚在一起，这就是每年一定要吃年夜饭的道理——再一次强调亲缘关系的有效性。

年夜饭是团圆饭，谁和谁团圆？亲人们在一起才叫团圆，才叫家。一家人围在一起吃顿团圆饭寓意着家和万事兴，所谓亲亲之爱就是这样浸润在每家每户的年夜饭里，无论是什么饭菜，只要端上年夜饭的桌子，吃起来都是浓浓的家味。骨肉相连的亲人是天定的，你无从选择。

当然，一起吃年夜饭的亲人也分远近，最亲的当然是父母和子女，照老规矩，之后依次是爷爷奶奶、孙儿孙女、叔叔婶子、堂兄弟堂姊妹……现在社会新风尚，姥爷姥姥、外孙子女、舅舅舅妈、表兄弟表姐妹在一起吃年夜饭也很正常，但同样可以类推出亲疏。这种由近及远的亲缘顺序就是常说的人伦关系。如果你把一粒石子投进平静的水面，会看到波纹一轮一轮推及开来，由深到浅，由近到远，虽越推越薄，却层层有序，这正是人伦的意象。

中国人对于人伦关系的重视程度举世无双。在中国的第一部词典《尔雅》里专门有一篇《释亲》，记录了各种表示亲缘关系的称谓，足有百十来个，大部分很难直接翻译成外语。就比如我们在年夜饭席间敬酒或是春节拜年的时候，伯父肯定要先于姑父，这体现着我们人伦关系的次序，但在外语里却很难用一个词讲明白。

郑重的年夜饭，品尝的不是饭菜之香，而是亲情之浓，是人伦关系的悠远与厚重，是独特的中华家文化的意味深长。

引经据典

《尔雅·释亲》

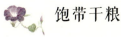 ## 饱带干粮

冬天就要到了，又听见了那句热梗："有一种冷叫爸妈觉得你冷。"在不少年轻人心里，好像爸妈让自己多穿衣服的嘱咐不仅老套，而且多余。爸妈总是怕孩子冻着，这个观念确实够老的，中国的爸妈永远是"明明孩子不吃不喝，以瘦为美，冬日里单衣单裤追潮流，却只会担心孩子缺衣少食，饥寒交迫"。老话讲"饱带干粮热带衣"，现在餐饮业发达，在哪儿都能买到吃的，自然不必带着干粮到处走，但"热带衣"的嘱咐一直挂在爸妈嘴上。究其根本，这种观念是来自传统文化里的一种基本意识——忧患。

根植于农耕文明的中华文化怎么能不忧患呢？春天播下去的种子要等到秋天才能收获粮食，其间是旱是涝，有无虫灾苗病，谁也不好说，只能是未雨绸缪，防患未然，以人的微薄之力来应对老天的安排。然而，天命无常，即便是时时警惕，日日留神，赶上个年灾月殃的也难免收成泡汤，心血白费，要是再没点积蓄，到了冬天只能是饥寒交迫。

来自周人奠定的礼乐文明怎么能不忧患呢？武王伐纣仅用了三十来天，中原大邑商高筑的台榭、铜铸的山河就被西垂小邦推翻了。亲身见证了这一历史进程的周公旦忧心忡忡，

辅佐年幼成王的他终日"战战兢兢，如临深渊，如履薄冰"，告诫族人殷鉴不远，嘱咐儿子居安思危，周公自己"一沐三捉发，一饭三吐哺"，仍然唯恐失去天下贤人的帮助。

忧患意识体现着农耕文明的稳妥和冷静，凝聚着中华民族几千年的生存智慧，铺陈出优秀传统文化的底色。往俗了说是"饱带干粮热带衣"，往雅了讲叫"生于忧患而死于安乐"。这种意识时时提醒着我们，即使是丰收了也要戒奢以俭，即使在昌盛时也要保持谨慎。"敖不可长，欲不可从，志不可满，乐不可极。"《曲礼》一开始的这段话虽是老生常谈，却永远也不多余。

所谓"反者道之动"，任何事物发展到一个极端就必然向另一个极端转化。"祸兮福之所倚，福兮祸之所伏"，这个观念对我们这个饱经忧患的民族影响甚深，不仅让我们时刻防备着灾难，同时也使我们在面对诸多无可奈何、经历各种挫折失败的时候能看到希望，不放弃追寻。

忧患未必就能避免失败。尽管谁都不希望失败，但失败可以锻造出一个坚韧的人。谁能说屡败屡战不是一种坚韧呢？坚韧意味着恒心，而恒心正是保障成功的心态。斗争，失败，再斗争，再失败，再斗争……在失败的时候千万忍耐，忍耐万千，直忍耐到绳锯木断、水滴石穿，最终只剩下你还在坚持着，你就成功了。

任何成功都是从失败中走来的，哪里有从胜利走向胜利那么便宜的事？你见到的竞技场上那些位战无不胜、所向披靡的世界冠军，都是经过了至少十几年一连串失败磨砺的人，他们早就尝尽了各种失败的滋味。失败是有代价的，这种代价不能白费，对于成熟的人来说，每一次挫折都要琢磨透，每一次失败都是发现毛病的门径，都是反思不足的机会，都是积累经验的实践，都是发展进步的开端，这也正是失败的价值所在。能担当起失败的人，才算得上是个明白人，是个能看得到一个又一个前景、始终向生而行的人。

引经据典

《诗经·小旻》《孟子·告子下》
《礼记·曲礼》《道德经》

 四梁八柱

如今大多数人住的是西式楼房，知道传统中式建筑究竟是怎么个盖法的人并不多了，可传统建筑的基本框架却始终搭建在每一个人心头，只是我们不觉得而已。

盖房为的是安居，老建筑使用的材料就是普普通通的泥土和木头，寻常之物经过一番筑建之后变得不再寻常。所谓"土木之工不可擅动"，最初讲的就是盖房。世界上七大建筑体系，也只有我们的老祖宗采用了土木为主的建筑结构。

先说土，好就好在随处可取，取之不竭，几乎没什么成本。古人在平地上树起两条木板子，比直了，量正了，拴绳扎牢，往木板中间夹的空槽里填满泥土，用木杵石夯砸结实了，就筑出来一长条墙体。筑好一层之后，拆下木板往上移，再筑一层，层层叠叠一路筑上去，就竖起了一整面墙。这种建筑方式叫干打垒。"捆紧木框筑土墙，奋力夯土通通响。从此不怕风和雨，麻雀老鼠都赶光，君子安居多舒畅。"《诗经·斯干》里描绘的干打垒，让人仿佛听到了来自远古的劳动节奏。有了这面土墙就能驱虫避鼠了，当然住着安心。

光有墙还不够，还得架起个屋顶才能遮风挡雨，于是人们想到了树木。十年树木，只要不停地种，木材也可以用之

不竭。把整根直溜的木材竖起来做柱子，在两根柱头上端端正正横架上一根木材做梁，八根柱子撑开了架上四根横梁，就支起了一排三间房的基本框架。之后梁上放短柱，柱上架短梁，柱与梁交替着横平竖直地往高了抬，直到屋脊，就建成了著名的抬梁式构架。出于采光考虑，理想的房屋是坐北朝南的，在最高的屋脊处架好一整根东西走向的水平主梁，于是有了栋。栋梁决定着这座房子的寿命，必须用坚韧牢靠的大材料才成。从此，能担当重任之人也就被叫作栋梁之材。

安居，意味着在此扎下根来，年复一年地过安稳日子。泥土筑就的干打垒怎么才能结实耐用呢？经验告诉古人，四周墙面必须夯实基础，方方正正地严格垂直于地面，稍微斜一点就可能墙倒屋塌。木头支撑的梁柱怎么才能稳当呢？经验告诉古人，一定要选正直的材料，架在柱子上的大梁要安放得端端正正，否则上梁不正下梁歪，歪着歪着就倾斜了，过不了多久就散架了，于是在古人心目中方正和正直具有了神圣的地位。就这样，泥土与木材依照正与直的法则配合搭建，给人营造出一个安定的栖身之所。既然盖房要正直才能经久稳妥，同样道理，做人要正直才能牢靠可信，于是传统文化理所当然地推崇正直的人。

古人度量正直的工具是矩。用矩度量才能规划出来直的、方的、正的结构。方方正正的建筑让人看着心里踏实，办事让人放心的人也就被称作方正之人。"矩"的金文是一只手攥着一个横平竖直的"工"字形画方之器，掌握了画方之器也就是掌握了普遍的法则，可以在任何地方盖房子，建造出不计其数的房子。拓展到为人处世，絜矩之道也就意味着掌握了一种自我行为规范。即使是圣贤也不能超越这种规范，所以有了孔子"七十而从心所欲，不逾矩"的名言。把这个规范推而广之，就知道应该怎么应对世上人、处理人间事了，絜矩之道由此成为在天下都行得通的普遍法则。

引经据典

《诗经·斯干》《礼记·大学》《论语·为政》

矩

 四合院里

也就近些年，北京兴起了胡同游，很多游客怀着好奇心穿行老胡同，走进四合院，了解老北京的生活，美其名曰"逛胡同"。

论真了说，"逛胡同"可不是什么好词。胡同的功能相当于居民小区，是住家户过日子的所在。哪个小区允许人随便逛呢？胡同里既没有公园可逛，也没有市场可逛，顶多有个卖油盐酱醋的副食店。就连粮店、茶庄、小酒铺也都开在胡同把口的街面儿上。在胡同里四合院只能看见个街门，内里是看不见什么的。不管是深幽的金柱大门还是朴素的如意门，两扇门板大都紧闭着，除非主人邀请，一般不能跨进人家院子。胡同两侧青灰色砖墙上只在高处开几个小窗户，绝没有落地窗能向里张望，除了周围的老街坊和几个卖菜的、磨刀的、收破烂儿的半熟脸小贩行走其间，胡同里很少能见到陌生人。老北京话里的"逛胡同"可不是指旅游，而有着另一层意思，专指旧时代的浪荡鬼在八大胡同的风月场里东踅摸西逛悠。

现在老城区的不少胡同摇身一变成了新网红，四合院经过修整开成了客栈、餐馆、咖啡厅，到胡同旅游的人这才有

机会走进四合院一探究竟。

不少游客感到诧异，为什么四合院的大门不开在中央，而是朝南的开在东南角，朝北的开在西北角，这就涉及北京的风水。北京城西北高东南低，坐落在从西北向东南倾的北运河水系，水从西北往东南流。北京常刮西北风，从西北吹向东南，四合院开门的方位正是北京风水的走面。所谓风水，不过就是风吹的方向、水流的方向。

打开北京地图，你会看到京城里大运河从积水潭、西海、后海到什刹海这段的流向正是沿着北运河流域走的。风从水上吹过，滋润了整座京城，让京城子民沐浴其中，四合院开门的方向顺风顺水，让风和水随着人一起出入顺畅。

四合院蕴含了太多这样的巧思，就比如正房堂屋的进深是根据节气来定的。夏至正午时分日影最短，烈日的光影正好照在堂屋门槛上进不来，让屋里免去了暴晒。冬至日影长至，午后暖阳斜照在端坐于堂屋正中八仙桌旁太师椅上那位长者的膝盖上，暖融融的感觉太惬意了。把这个由日影决定的进深拉方了，就是传统意义上的"一间房"。这种设计既充分利用了阳光，又暗合着天人合一的理念。

不知您想过没有，大家常说"下厨房""上厕所"。民以食为天，厨房怎么是"下"呢？厕所并不高雅，为什么却能用"上"呢？站在四合院里您就全明白了。厨房的合理位置是在下风口的东南角，这样才能让做饭的油烟吹到院外，而不至于灌得满院子呛人。厕所的位置首先要考虑老人方便，老人睡在正房西屋，堂屋是不睡人的，正房东侧，也就是左边的上位是厕所，所以才叫"上厕所"，更文雅的说法是"登东"，而东厕、东净、东厮都是指厕所。

进了四合院的大门，迎面必有青砖影壁，左转一排倒座房位于大门以西，曾经的私塾就设在这里，所以也叫西塾。琅琅书声传到大门外，街坊四邻都知道这院请了教书的西宾，全家人都觉得脸上光彩。

西宾是客，进不得通往里院那座精巧的垂花门。过去女眷大门不出二门不迈的"二门"指的就是这道门。垂花门里有个青砖四方平台，老太太送亲戚在这且聊呢。要是为老人做寿，家里请堂会摆上一桌二椅，这里又成了一座小戏台。

垂花门里是属于自家人的天地，养着花鸟鱼虫，栽着石榴、海棠，住过团团圆圆的一户人家，头顶着青天，脚接着地气，过着安分守己的小日子。

引经据典

《仪礼·士冠礼》

堂正廉谦

　　前堂后寝式的房屋结构可以推溯到仰韶文化中晚期的半地穴式建筑，那时候人们开始把火塘固定在屋子里偏前靠门的位置，既可以温暖吹进来的冷风，又容易排出柴烟，大伙儿围在一起炊煮东西吃就在这儿了，取暖吃饭的同时也方便一起商量事。屋子后头角落里相对安静，夯实地面铺上茅草，就是睡觉的土炕。

　　到了周代讲究了，为了不让屋子受潮，先要用土夯筑起一个方方正正的平台当地基，这个高台就叫堂，社会地位越高这个台子也越高，天子之堂高九尺，到了士只有三尺。堂要登着台阶才能上去，于是有了登堂、上堂、下堂之说。台子上面往里收起一条窄边，盖上一座三面有墙、一面门窗的敞亮屋子，作为一大家子人聚会、议事、待客的公共场所，这就是堂屋。考虑到采光，一般没墙的门窗一面朝南，主人安寝的地方由单扇门户连接到堂后的内室。堂屋通常盖得高大、宽敞、端正，后来也简称为堂，进而高大宽敞的屋子就都叫成堂了。古代有朝堂、庙堂、厅堂，现在有礼堂、课堂、食堂。四合院里比其他房间略高、略宽敞的堂屋也是这么演变来的，而"堂堂正正""堂而皇之"这样的成语则用来形容端正大气、光明磊落的气派。从前一个大家庭共用同一堂屋，家长被称为高堂，后代之间也就互称堂兄弟、堂姐妹、堂叔、堂侄了。堂客本指堂屋里的客人，慢慢引申为女眷。

　　堂屋前平台上那一条窄边即是登堂的必经之处，需要时也可以铺张席子坐人，两个用处兼而有之，所以称为"廉"。《仪礼》里乡饮酒礼为乐工铺设席位的地方就在这里，叫作"设席于堂廉"。"廉"由"广"和"兼"组成，"广"字代表敞开的房屋，同时也表示一个有着明确边界的范围。被围着的"兼"字在甲骨文里是一只手攥着两根谷穗，象征着兼有、兼得、掌握多方面利益。两个字合起来就表示一个人只取自己边界范围内的利益这层意思。于是，只取自己应该得的，这种自律的品行就称为"廉"，具有这些品行的官员堪称廉吏。

　　"廉"的边棱又正又直，这样盖起的堂屋才能稳固结实，因此"廉"有了正直的意思，也就延伸出廉正一说。"廉者不受嗟来之食"的"廉者"指的是方正刚直的人，而不是指节俭。"廉"这个地方见棱见角，所以"廉隅"代表棱角，比喻为人严谨分明的品格，"廉而不刿"是性情分明、坚持原则却不伤害人的意思。孔子讲"古之矜也廉"，说的是"古时候矜持的人太过爱憎分明"。"廉"这个地方经常有人走来走去，总能干干净净的，于是有了廉洁、清廉的说法。

　　"廉"也并不都代表着高大上，"廉"相对于高大的堂屋很低，所以有了低廉、廉价的说法。"廉"这个位置比较局促狭窄，所以有了细小、收敛、约束的意思，比如廉纤、廉苦、廉俭。

与"廉"相关的还有一种优秀的品行，叫作"谦"。有句宋诗说："廉谦今所难，吾道帜可赤。""廉"和"谦"在今天依然都挺难做到，依然需要旗帜鲜明地弘扬，能够做到"廉谦"二字就是一个堂堂正正的人。

"谦"字里的"兼"意味着一个人兼容了方方面面的优势，"谦"也就代表着能把握多种意见、汇集归纳多种言论的能力。有道是"兼听则明"，这样的谦虚才使人进步，这样谦虚的人才是个明白人。如果仅仅靠口头上贬低自己以满足别人的虚荣心，在心里却并不接纳别人的意见，只能算是虚伪，而与谦虚不相干。

引经据典

《仪礼·乡饮酒礼》《论语·阳货》

所谓远方

日常的生活需求莫过于衣食住行，有意思的是，现如今好像只有"行"这一项，没有人乐意回到古代。论穿衣，从唐装、汉服到马面裙，古装成了最流行的款式。说吃饭，人们越来越向往回到古代的有机与纯天然，就连烹饪方法也开始流行先秦时代生切的"脍"和烧烤的"炙"了。讲住房，越是古香古色的房子好像越透着高雅，当然前提是必须装上现代化的马桶和空调。而行呢？人们总希望快一点，再快一点。要是有个法子能省略过程瞬间直达目的地，那才痛快呢！明代从北京到南京的水旱两路，应该算是当时相对便捷的旅途了，一般人风餐露宿要走一个月，即使是皇亲国戚也要用上十五天赶路。现在清早起来从北京南站坐高铁出发，中午就能坐在夫子庙前的小店里踏踏实实喝上碗鸭血粉丝汤了。远方，一个在传统文化里令人愁肠百转的字眼儿，已经基本消失在飞机、高铁的神速里了。

现代人没有远方，很难理解"有朋自远方来"是怎样一种快乐的心境。有能够理解你的同道之人，从不知多么遥远的地方风尘仆仆而来，突然降临到你的面前，你们畅谈欢言，彼此惺惺相惜，释放掉憋闷了太久的孤寂，心里豁然敞亮起来，怎能不令人手舞足蹈呢！

　　手机让现代人之间的交流几乎不用等待，很少有谁会再把亲手书写的信笺折叠整齐插进信封、贴上邮票，郑重其事地投进邮筒，之后心心念念期盼着收到远方的回信，自然也就没有了对"家书抵万金"的深切感触。湖北云梦睡虎地出土的秦简《黑夫木牍》是中国已经发现的最早家书，527 个字真实再现了两千多年前，远征疆场的黑夫和惊兄弟俩如何向远方的家人自报平安，如何倾诉对母亲、妻儿的思念和对姑姐的关切，如何在外面为家里人卖命，又是如何急切地希望得到家里的援助……两千多年光阴变幻，家书的主题从来没有变——思念与渴望。有了思念，所谓远方就在手中的信札上。有了渴望，远方就会把握在手心里。然而，思念是苦的。父母在，不远游。远游，意味着父母和自己必须承受彼此依恋的思念之苦，至于渴望，常常就转变成了无望。

　　古人说的远游不同于今天的旅游。旅游图的是个乐儿，过不些日子就转悠回来了。远游是到遥远的地方去谋差事、求学问，不知道什么时候才能回来，也许就再也回不来了。谋差事、求学问都是为了活得更好，想必父母是支持的，但毕竟心心念念等待你回来。这世上最漫长的事就是等待。所以，孤蓬万里的时候，一定要告诉父母自己去往何方，身在何处。不知道亲人在哪儿让人感觉最揪心，知道了在哪儿，心里就像有了着落，好歹能寄托些牵挂，通个消息报个平安，思念也好像不再遥不可及。所谓远方不仅仅在于距离，而在于心里有没有。"未之思也，夫何远之有？"古人靠思念拉近远方，念兹在兹，虽遥远却可及。

　　现如今交通倒是便利了，但有些人却忘了"游必有方"的道理。出门出差不跟父母打个招呼，加班会友也不和家里人言语一声。虽然住得很近，父母却常常不知道子女的行踪，怕孩子嫌自己贫也不敢深分了问，唯有说不出的挂念。这和相隔万里又有多少区别呢？父母家人心里没着没落的感觉才叫遥不可及。所以呀，即便和父母住在一起，出门的时候也别忘了交代一声自己要去哪儿，什么时候回来，一两句话的事，让父母安心，多好。

引经据典

《论语·学而》《论语·子罕》《论语·里仁》

行之有道

"衣食住行"里的"行"指的是行走，倒未必非得举步而行，也可以乘车在路上驰行，乘船在水上航行；现在还可以乘飞机在天上飞行。不管怎么个行法，都得是由此及彼或由彼至此，都要行之有道，而不能原地踏步，驴子拉磨式的打转转恐怕不能称为"行"。

"行"本是日常生活中离不开的举动，在传统文化里却有着极其丰富的寓意。就比如大家耳熟能详的"三人行，必有我师焉"，如果仅仅理解成三个人一起走路就未免太机械了。这里的"行"是行事的意思，也就是几个人共同干一件事，其中必定会有能启发我的人，否则就没法解释接下来的"择取他的长处而跟着学习，他不好的地方就借鉴改正"。

"行"也可以意味着一种行为标准。孔子感叹：中庸之道为什么总是行不通呢？就因为聪明人做什么事都容易偏执过头，愚笨的人做什么事总是做不到位。过头和不到位都不合适，恰到好处的中庸之道就像行走在精细的钢丝绳上，是需要全神贯注才能体察到的品行。

标新立异不走寻常路也是一种行为方式，叫作"素隐行怪"，这么做很容易哗众取宠，出名快、挣钱也快，现在很多所谓的网红正是这么迅速走红的。但这种欺世盗名的行径或许能风行一时，长久来看终究不踏实。有谁还能记得三年前的网红呢？想过得踏实，说话的时候就要掂量掂量能不能实行，行动的时候就要想想是不是和说的相一致。唯有像在平易的大道上驮着辎重前行的马一样，坚持不懈，稳步笃行，才能行长远之路。

一个人的所作所行要基于自己当下的境遇，做和自身条件相符的事，把握住自己而不依附于别人，不抱怨为什么不具备那些优厚的条件。行远途要从近处出发，登高山要从低处起步，以自身的现实处境为起点，从寻常处做起，不断反思，努力实践，知道自己哪里不行，才是可行之道。不论是自然而然就这么做了，还是有利可图才会这么做，或者是被迫勉强去这么做的，只要是这么做了，最终都能行。

行事就像行路，不管行多远的路都要准备好行囊，不管做什么事也都要预先筹划清楚。有道是行成于思，往小处说，和别人说话前过过脑子就不会打磕巴；类似的，做事前有个计划就会少遇到困难，行动有个方案就不会总犯错误。再往大了讲，发展有个长期坚持的方向就不会末路穷途。"凡事豫则立，不豫则废"就是这个意思。除非不去行动，只要行动了，就不轻言放弃，这才是通行之道。

说到行，就必须要提到知行合一，这一说法有着独特的现实价值。王阳明讲知行合一举的例子是：就像看见美色是"知"，喜欢美色是"行"，看到了也就同时喜欢上了；就像闻到臭味是"知"，觉得讨厌是"行"，闻到的瞬间就讨厌了，不存在一个经过思考再去喜欢或讨厌的转化过程。"知"与"行"就像每一个物件都有内外一样，分也分不开。"知"藏于内，"行"显于外，你把它掰开了，又有了新的内外。知浅则行浅，知深则行深，知谬则行错，知真则行实，有怎样的内在认知就有怎样的外在行动。

现在一般人对知行合一的理解往往是：心动不如行动，说到就要做到，关键在于行动，等等。总之，知行合一践于行，这种理解突出了现实精神。对于同一个说法，不同时代可以有不同的解释，这很正常。但如果只强调"行"，就很容易滑向实用经验主义的思维惯性，过犹不及。

把从书本上学到的知识落实到行动上，以知促行、以行求知，正所谓"知者行之始，行者知之成"，这是立足于现实生活对知行合一的阐释。正所谓"实践、认识，再实践、再认识，这种形式，循环往复以至无穷"，对知行合一的认识与践行同样如是。

引经据典

《论语·述而》《礼记·中庸》《礼记·大学》

达道行德

通常，如果说一个人有"道"，往往是指这个人擅长某种精妙的技能；要说一个人有"德"，那就意味着他拥有堪称众人楷模的品行。在一般人心目中"道"是玄奥的，"德"是高尚的，都不是寻常人所能具备的素质。殊不知"道"和"德"最初说的都是抬腿走路这样的寻常事。

道是一条路，只要遵循着走，谁都能到达目的地，而不至于走上歧路、岔路，也不必盲目地探索险路。道引导着路人前行，同时也约束着路人的方向。到达同一个目的地或许不止一条道，有大伙儿都能行的康庄大道，也有聪明人走的林间小道，还有适合勇敢者走的山岭隧道，这些常有人走的通达之道被称作常道。另有一些不寻常人走的道，比如地道、弯道、诡道……不管什么道，能走过去就是达道。

"道"意味着方向明确，意味着通行无碍，意味着目标可知。不难想象，在蛮荒时代能找到引导人行走的"道"有多重要。由此引申出了为实现目标所遵循的方法、步骤或者规范、原则，都可以称为"道"。于是，有了为人之道、持家之道、经营之道、治国之道……甚至，盗亦有道。道渐渐从大地上抽象起来，成了统摄规律与法则的基本理念。

是道，就不是危途，而是常人走得通的路，只要上了道就能到达必然的归宿。人的成长也同样有道可循，认识自己本性的方向，把握自己的好恶短长，沿着本性发展的趋势成长，就是走上了属于你自己的道。看好了道，管住自己的腿，不半途而废，不迷入歧途，走偏了、走岔了赶紧返回原道，目的地就在道的前头，踏踏实实一步步遵道而行，终能达到安顿自己的所在。你一刻也不要离开道，假如可以离开，也就不称其为道了。

循道而达，才有所得。如果是心有所得，那就成了"德"。

最初的"德"只是表示看道路的能力，这种本事并非是个人就有。上古的时候，只有眼力出众的人才能看清楚前方或山上遥远的景物，寻道、打猎、收获果实都占有绝对优势，他就成了少数的王者。所以甲骨文的"德"字是十字路口的一只大眼睛上描着笔直的一竖道。三星堆出土的大眼面具就属于这种眼力出众的王者。但王者未必就有好的品行，于是糊涂的叫昏德，肮脏的叫秽德，残暴的叫凶德，这些品行在后世都不再被称为德。

后来古人渐渐懂了，能有所得不仅在于眼力，更在于心力；不仅是得到猎物或果实，更在于积累经验增长本事；不在于取得实物，而在于提升心性境界。于是，大眼睛底下加了个"心"字，强调心中所得，寻道的能力也就成了"德"。

德不再仅属于少数的王者。只要是在坚实的大道上稳步前行，谁都可以成为有德之人。走康庄大道的人需要彼此关照，走林间小道要多些智慧，走山岭隧道心底要有勇气，于是，仁、智、勇就成了基本的三达德。

行德的过程也变得和登山类似，成了心行登达的过程。无德被当作底线，所有跌破底线的品行一律统称为缺德或失德。德有高有低，有人人都可以践行的庸常之德，比如诚实守信、尊老爱幼；也有不是谁都有机会陟升的崇高品德，比如舍生取义、鞠躬尽瘁。德行越高人品越好，德高望重者被万众景仰着。

对于老百姓来说，遵从常人可以把握的善意，依据公德行事，通过利人来利己，就算是个有德之人。社会上提倡任何一种道德都不宜过分，都不能让人非得跳起脚来才能够得着。推崇道德一旦过了头，就会蜕变成刻意换取别人歌功颂德的虚伪把戏，反而缺德。

引经据典

《礼记·中庸》

新年到，
新年到。
穿新衣，
戴新帽。

待人接物

传统文化以人为本，如何待人接物不仅是日常生活中的行为方式，更能在一举一动、一言一行里体现一个人乃至一个民族的精神风貌。无论是耳熟能详的风俗规矩，还是引证经典的礼序行旨，都曾经深刻塑造了传统观念的是非缘由，构建起我们的思维框架，影响着我们的行为模式。

真挚笑意

出门在外，无论是乘飞机坐火车，还是购物住店，我们都希望能见到服务人员一张微笑的脸。微笑让顾客看着舒服，也会为商家赢得好评，如果是碰到一位整脸子瓜搭的，那就难免被怀疑是故意给人脸子看。于是，众多商家就把微笑当成了一项迎宾礼仪规定下来，要求礼仪小姐微笑迎宾，服务人员微笑服务，总之，笑以待人。

可是问题来了，什么叫微笑？也不知怎么就有了个"国际最美牙齿笑线标准"，说微笑是"嘴型呈半月形，上排牙龈线与上唇下缘一致，上排牙齿齿缘刚好碰到下唇"。听着挺复杂的，简单说就是露出八颗牙来给人看。又不知是谁发明的，说嘴里横着咬根筷子正好能露出八颗牙。于是经过严格训练，我们就见到了各种场合礼仪小姐整齐划一地露出八颗牙——有的是真心微笑，有的是木然僵笑。

照理说，笑和哭一样，是不需要教的。笑和哭都属于是人的本能，是有感于外界的生理反应，发于心而行于色。刚生下来的小宝宝不但会笑，而且笑得特别甜；不但会哭，而且哭得好可怜。人高兴起来自然会笑，悲伤起来自然要哭，这是内心真情在脸面上的外在流露，情感越浓表现得越显著。

欣喜使人面带笑意，高兴会哈哈乐出声来，如果极度兴奋甚至连身体也要跟着跃动起来——举起拳头跳着高地开怀大笑。类似的，伤心让人默默流泪，悲切则会抽泣呜咽，哀痛至极会让人顿足捶胸、嚎啕大哭。

笑不仅是人性情的自然流露，更是一种人与人之间最古老的沟通方式。小宝宝会笑远远早于会说话，人类语言的发展也如是。用微笑表达善意的效果远远超过语言，甚至超过握手、作揖、鞠躬、拥抱这些形体语言。不同民族、说着不同语言的人都可以通过微笑来进行善意的交流。微笑可以表示问候，可以带来吸引，可以产生安抚，可以给予鼓励。微笑表达了"我接纳你，也希望你接纳我"的心愿。真挚的微笑在人类交往过程中作出了至关重要的贡献。对于微笑者而言，这种有节制的兴奋同样可以宽慰心胸，抖擞精神，调节情绪，舒畅心情。

微笑由内心愉悦自然而生，也许正是因为微笑太正常了，所以在传统礼仪里并没有专门要求微笑。《曲礼》里仅有的几次讲到笑都是强调节制，比如儿子在父母面前不要随便嬉笑，父母生病的时候不可以畅笑，等等。老派商家也并不刻意强调微笑服务，而是看重发自内心的热乎劲儿，强调心里要时刻装着主顾。老北京的堂倌甚至会像老街坊似的跟相熟的主顾聊些家长里短，为的是透着亲近。

严格培训出来的微笑倒是整齐划一，可是否发自真心呢？

是否饱含了喜悦和对人的接纳呢？这是个问题。"礼者，体也，履也。"作为外在行为的礼仪如果脱离了真切的内质，只能沦落为一种空洞的表演。这就是为什么现在见到的很多职业微笑让我们感觉木然的原因。

古人讲笑不露齿。看来，真挚的微笑不在于露出几颗牙齿，也不仅是写在嘴上，春风般的笑意是眼神里溢出来的。"巧笑倩兮，美目盼兮。"清灵的笑意美在眼睛，眼神里饱含的喜悦之光来自人的真心本意，怎么可能摆出来呢？

微笑中的真挚是能敏锐感知到的。要想用漂亮的微笑给对方送去舒畅与振奋，前提是要用朴素的心意打底。上扬的嘴角只不过是心底那份热切与欣喜在脸上勾画出来的装饰线，笑以待人的前提是诚以待人，正所谓"绘事后素"。作为现代礼仪的微笑同样需要出自爱人之心才能打动别人，才具有宝贵的价值。

引经据典

《礼记·乐记》《礼记·曲礼》
《诗经·硕人》《论语·八佾》

 **一揖为敬**

　　抗疫期间，俩人见面原本该握手的环节让很多人觉得为难。握吧，担心互相传染。不握吧，好像又欠着礼数。小视频里看见有外国人弯起胳膊肘互相碰碰，感觉多少有些滑稽。好在咱中国人有自己的变通方式，咱老祖宗几千年前就发明了相见的礼仪——作揖。作揖有两大好处，既保证了彼此肢体不接触，又符合弘扬传统文化的潮流。于是，很多人见面开始作揖，甚至单位开大会的时候，台上的领导和台下的听众也相互作揖致意。

　　可是问题来了，到底应该怎么作揖？很多人作揖的样子是这样的：挺胸抬头，两臂抬平了弯曲在胸前，左手伸掌贴住右手攥成的拳面，端举在下巴前一动不动。这种作揖的架势八成是跟武侠片里学来的，让人立刻想起江湖好汉，只觉得是在摆架势做戏，看不出多少敬意。

　　作揖究竟应该是个什么姿势呢？作揖是为了表示对别人的尊重，尊重体现在自己有一颗诚心。这么一想就明白了，作揖的正确姿势是把双手相握拱成一颗心的样子，放在自己心口前的位置，肩肘微微下坠，表示"我心里有您"，这是第一层意思。孟子说"辞让之心，礼之端也"，作为相见之礼，作揖还体现着谦让的意思，怎么表示呢？要把拱成心形的手向外略推一推，关键是眼睛一定要诚恳地望着对方，意思是"我这里承让了"，这是第二层意思。包含了这两层意思，作揖也就有了文化内涵。至于哪只手在上、哪只手在下，一般来说是男子的左手在上，女子的右手在上。很多人说不清为什么，其实道理很简单。当我们面向正南站着，也就是朝阳而立的时候，抬起左手的举动恰好是太阳升起来的轨迹。按照传统的阴阳学说，男子象征着阳，太阳升起的方向自然就是上位，所以左为上。女子象征阴，故与男子相反。这个道理还可以用来解释经常说的"男左女右"的来历。

中国人看重人心，待人接物要体现出诚挚之心，不仅作揖如此，正式场合给别人递送东西或接受别人递过来的东西，也要双手捧在自己心口前，这就是《曲礼》里说的"奉者当心"。也许这么做的人未必知道这句话，但这个姿势会让人看了心里觉得舒服。对于特别值得尊重的长者或老师，作揖或是递接东西的时候还需要略微高过胸前，但也没有必要抬高到眼头里的位置，在体现出尊重对方的同时自谦而又有自尊，不做作才好。

说到递东西，如果是递送比较沉重的东西，比如说一袋子书或一篮子水果，就没有必要非得双手捧到胸前了。只需要曲臂提起，从自己腰带的高度递送过去就可以了，这也有个说法叫"提者当带"。

　　给别人递送东西要把握的原则是方便对方接纳。成语
"授人以柄"的本意并不是让别人抓住短处，而是递给别人宝
剑的时候，要把剑柄朝左拿着，方便对方右手攥住剑柄。今
天在生活中一般很少给别人递宝剑了，但递个剪刀、水果刀、
裁纸刀是常有的事。递送这些利器同样要做到"授人以柄"，
不仅体现了一份尊重，也是出于安全的考虑。

　　还有个有意思的事，如果是牵您家的狗狗给别人，按照
传统礼仪应该是左手牵着拴狗绳递过去，这叫"效犬者左牵
之"。想想看，这是为什么呢？

引经据典

《孟子·公孙丑上》《礼记·曲礼》

 上下左右

　　请客吃饭，会议座谈，谁该坐哪儿是件挺重要的事，这就带来了上位或者尊位的问题。说到"上"，首先要明白"上"的标准是什么？"上"并不是指某个人高高在上，而是说太阳向上升起。当你脸朝南方，面向太阳运行的方向，你会发现太阳升上来的轨迹正好和你抬起左臂的动作一致，于是我们的祖先认为东上西下，并由此衍生出左上右下。

　　旭日东升，东为上位，也是主位。古代接待客人的时候主人要走东阶，客人应走西阶。直到今天，我们仍然经常会说东道主、做东、房东、股东等等用"东"来表示主人身份的词。

　　出于采光的考虑，传统院落或厅堂讲究坐北朝南，所以从门自身的角度说大门上贴着的对联上联在左、下联在右。古代的车骑驶出大门的时候尊贵的人坐在左侧，所以"虚左以待"表示等待贵客。阴阳学说认为男子热烈外放属阳、女子冷静内敛属阴，所以有了"男左女右"的规则。作揖的时候男子左手在上、女子右手在上的风俗也是这么引申来的。

　　有意思的是，如果只论"左右"往往容易闹误会，毕竟"左右"是根据脸面的朝向相对而言的。古代君王"南面"对待臣子，臣子"北面"觐见君王，君王的"左"恰恰是臣子

的"右"，站在臣子的位置看自然是左边的官比右边小，于是"左迁"表示贬官；"无出其右"则表示一个人的右侧没有比其位尊者，自然是没人超过他的意思。

现在开会或座谈该怎么确定座位呢？首先，最尊贵的人物必须居于视线能环顾全场的位置，便于他自如应对所有在场的人，也让大家都能关注到他，那么理所当然要安排在主席台前排中央或是会议室里侧中间了。主尊位确定之后，下一个位置可就有说道了，如果全是内宾，自然要依照中华礼仪在主尊位的左手位置安排客尊位或第二位，然后右手次之。可如果是外事活动，就该按照国际惯例"以右为尊"，做到"使从俗"。

在古代，确定上下位的具体位置会随场地环境有所不同。比如那时候堂和室的功能是有明确区别的，堂是举行重要礼仪活动的空间，室是只有自己人才能进入的私生活场所。室内最尊贵的座位依然以面朝太阳上升为依据。《史记》上记载鸿门宴的就座方式是："项王、项伯东向坐，亚父南向坐……沛公北向坐，张良西向侍。"项羽为王，项伯是他叔父，他俩坐西朝东是尊贵的上位。其次是范增，再次是刘邦，侍奉者张良坐在面向太阳下落的下位。看来这场酒宴是项羽为了消除误会、表示对刘邦的亲近，特意安排在私密的室内举行的。

说到请客吃饭，照老礼讲究摆放叫作"官座儿"的四方大八仙桌，不过只坐六位，三边各两位，另一边空着朝向大门。这么一来中间两位贵客一目了然，而且以左为尊，主人过来道谢既方便坐下来敬酒，也方便端菜上桌。现在餐厅普遍采用的大圆桌本来是为了表示平等的，可事实上也要体现出座次来。一般来说，坐在房间最里侧中央面向大门的那个位置为主人位，主宾位于主人右手，之后以"右为贵"的原则主宾相间依顺时针排序。这么排的道理在于上新菜的顺序是顺时针的，每道菜一上桌，客人总可以比左手的主人先品尝，透着敬重客人的意思。

谁该坐在哪儿，体现着在同一情境里对不同人的尊重程度。在职场要综合考量职位、年龄、社会知名度多种因素，家庭宴会还要照顾到辈分和亲戚远近，能安排得让大家都认可，着实是件考验人的事。真弄明白了，也就懂得了一半待人接物的事理了。

引经据典

《礼记·曲礼》《史记·项羽本纪》

一唯一诺

现如今如果说一个人总是唯唯诺诺的，那么这个人往往就是胆小怕事没什么主意，或是过于低眉顺眼迁就别人，一副没骨气的样子。可有意思的是，"唯"和"诺"在古代都没有这层意思，而是指两种应答方式。在一唯与一诺的细微差别之间，体现出了对人截然不同的态度。

《曲礼》里专门讲到了如何回应父母和老师的召唤，叫作"父召无诺，先生召无诺，唯而起"，意思是说父母有事情召唤你过来的时候不要磨磨蹭蹭不耐烦，拉着长声回答"哎，我知道了！"，身子却连动也不动一下，言下之意是"没看我这儿正忙着呢！"。老师有事情召唤你过来的时候同样也不要磨磨叽叽不乐意，心不在焉地答道"哎，我知道了！"，好像在问"等会儿不成吗？"。正确的回应方式应该是立即应声答道"有！"或者"我在呢！"，同时站起身来，准备随时闻令而动。别看只是个简单的回答，这个瞬间的反应可以充分显露出对父母和老师的尊重之情，父母和老师听了之后肯定会特高兴。

日常生活中，在校学生对老师的应答好像还比较尊重一些。可是在家里，子女对父母的应答常常就不那么注意态度了。拉着各种长声透出满心不耐烦的腔调，玩着手机不抬眼皮对待父母的态度，在我们周围比比皆是。而作为父母呢，往往心想：孩子也紧张忙碌一天了，带点小情绪、耍个小态度情有可原，不必当回事，于是一而再、再而三地迁就孩子。长此以往，这种对话方式养成习惯，孩子对父母说话的时候自然也就少了些尊重。或许这并非子女的本意，却给日后的父母子女之间的亲情留下了不易察觉的阴影，多少年之后，甚至发展成家庭矛盾的导火索。一呼一应、一唯一诺之间表面上只是个语调的差别，可就在这个小事小节的毫厘之处恰恰是培养亲人情感的枢机，这正是生活中的传统文化带给我们的启迪。

说到启迪，有一个"唯"与大道的掌故。孔子晚年的时候，有一次对身边的弟子们意味深长地说道："曾参呀！我的大道可以用一个根本的原则贯通起来呀！"一旁侍坐的小弟子曾参闻听，顿时仿佛被一语点透，瞬间从内心深处涌出了一声"唯！"。师徒二人欣欣然相对无语，颇有心有灵犀一点通，却不可以言说出来的意味。看来，唯有表面上傻傻的曾参在这个瞬间被启迪了。孔老夫子出门之后，一脸懵圈的众弟子围过来问曾参："你们师徒这是打的什么哑谜，说了些什么神秘的妙理呢？"曾参答道："夫子的大道，只不过'忠恕'二字罢了。"一个"唯"字，让曾参领悟大道，并最终成为传承孔子思想的曾子。

　　"唯"标志着中国传统文化史上一个重要的时刻，那这个"唯"是什么意思呢？我理解就是一种由衷发自内心深处的真切认同带来的感叹，类似于今天的"对呀！"。

引经据典

　　《礼记·曲礼》《论语·里仁》

 **离坐离立**

你有没有碰到过这么一种情形？你正在跟别人说着话，忽然间不知从哪儿过来一位，也不跟你打声招呼就直目瞪眼地插嘴抢话，好像根本没看见你这个人似的。如果你是在闲聊天或是说些什么无关紧要的事兴许也就忍了，尽管不跟他计较，心里也难免觉得别扭；可要是你们正在商量一件很重要的事情，抢话那位就会让你觉得特别讨厌，白瞪他两眼算是轻的，说不定就能给他两句。尤其是在医院看大夫的时候，往往是你正在专注地向大夫问询，期待着听到那一两句关键嘱咐的紧要关头，边上一会儿插进一位要求加号的，一会儿插进一位看化验单的，一会儿插进一位问药怎么吃的……没完没了，实在是让人忍无可忍，往往因为这点事就能呛呛起来。

我们谈事的时候不希望被别人打断，觉得插嘴是一种对自己的冒犯。同样道理，别人谈事的时候我们也尽量不要去横插一杠子，这既是对别人的尊重，也体现了自己的教养。那如果真是有事要说怎么办呢？可以让双方先注意到自己，给人一个精神准备，等双方对话告一段落了，再适时地表示自己有事情要讲。真要是遇到特别急的情形等不及了，一定要向谈话的双方都表示："实在对不住了！我这事火烧眉毛，就插问一两句话就走。"在职场请示领导的时候，尤其应该注意的是，要向对话中地位相对较低的那一位表示歉意，因为你抢了他的话往往会在无意间伤了他的自尊心。在公共场合则要向等待答复的一方真诚感谢，因为是他把话语权转让给你的。

尽管插嘴抢话算不上是什么了不起的大错，但怎么处理好这样的细节恰恰能体现出一个人的修养。生活中类似的事实在太多了，比如在公共场合看见两三个人围坐在一起或是站在一起热烈叙谈着，如果不是特别相熟的好朋友，除非人家请你，否则不要轻易凑过去强行插嘴掺和，让人家不知道是继续说呢，还是迎合你呢？《曲礼》上说的"离坐离立，毋往参焉"就是这个意思。更有甚者，有时候在一些展览或是活动上出现几位业界名人，你就看吧，常有一些根本不认识人家的所谓崇拜者强行凑过去蹭合影，身处大庭广众之下的名人也只好暂停交谈，笑容可掬地被动配合着，其实他心里不定怎么烦呢。原本出于仰慕的合影也失去了真意，名人瞬间蜕变成装点粉丝们朋友圈的摆设。

人的心像一面镜子，你怎么对待别人，别人就怎么对待你。让你觉得很不舒服的事情施加在别人身上，别人也同样会感觉很不舒服。尽管生活的场景千差万别，怎么处理好人与人之间交往的细节其实万变不离其宗，只要体会自己在同样情境里的感受比照一下别人也就全都明白了。比如你和亲朋好友肩并肩走路的时候，如果有个路人迎面而来，非得从你们中间穿行而过，那一瞬间你是不是觉得有些不爽？迎面而来的人像是愣磕磕地楔入了你的私人空间，要是从你们身后突然溜出来一位穿行而过的，还会吓你一大跳，这就是对方破坏了"离立者不出中间"的老规矩。

生活细节中类似的老规矩还有很多，只不过藏在我们心里，大部分人能感觉到，却说不出来罢了。

引经据典

《礼记·曲礼》

 **废物点心**

照老规矩，过春节的时候上亲戚朋友家拜年是不能空着手的，怎么着也得提溜个点心匣子，不算太贵重，却代表了点点心意，用现在的话讲叫伴手礼。有意思的是，真把点心匣子打开了自家享用的人并不多，通常是就手拎上再给别人家拜年去了。结果点心匣子串门子东家来西家送，十来天一大圈转下来，原本代表敬意的礼物无意间沦落成中看不中吃的废物点心，闻起来都有股哈喇味儿了。现在送点心匣子的少了，茶礼盒代替了点心匣子送来送去，不定哪位偶尔一看——哟！已经过期一年了。

礼，古人强调的是一种仪节，一种践行自己诚敬之心的行为举止，所以说"礼，履也"，现代人更多地理解成礼物。不管是展示给人看的礼节还是赠送给对方的礼物，体现的都应当是自己的真心实意。礼节越俭素越能够突出诚挚之心，越容易触动人、感染人。仪式越奢华，越让人觉得花里胡哨、不知所云，像是在做戏表演。同样道理，俭朴的礼物能体现出敦厚的情谊，对方会欣然接受。奢侈的礼物失去了礼的本意，变成表面客套的废物点心。所谓礼崩乐坏并不是没有礼仪形式，而恰恰是过度奢华繁缛的形式让礼的内在崩溃、外表朽坏。

　　无论是礼仪还是礼物，都讲究个礼尚往来。别人问候你，你要道谢回敬；别人拜访过你，你记住一定要回访；别人送你个小礼物，你想着得机会也回赠对方点什么，是所谓"往而不来，非礼也；来而不往，亦非礼也"。礼的原则是对等相待，有"施"就应当有"报"，相互之间的"施"与"报"既体现了尊重别人，更展示出自尊自重。如果仅是单方向的送礼，比如只是下级对上级，那就属于"非礼"了。在生活中，如果你"施"了两三次对方并没有丝毫"报"的意思，那这个人就不值得你以礼待之，与之交往要谨慎了。

　　礼的施报平衡之间重在情谊，而不是一种简单的等价交换。如果彼此过于算计，就很容易变得虚伪，丧失了真诚的本意，反而过犹不及。所谓礼轻情谊重，轻的是价格，重的是把对方当回事的那份敬重。能用价格来度量的是生意，而不是真正的情谊。比如点灯熬油亲手制作的小礼物融入了制作者的细腻心思与生命时光；比如从遥远的地方费尽周折带给你一点土特产，寓意着即便在千里之外依然惦念着你。尽管这样的礼物不值几个钱，却比花大价钱网购的名酒、名茶、保健品更能让人感动。

　　在生活中应该怎么送礼呢？这要看送什么人，想表达什么意思。亲朋好友之间走动不能总空着手，通常要带些简单的吃喝，意思是并不需要对方记住，透着不见外。如果是春节，您有没有想过送一小玻璃缸活泼泼的小红金鱼儿，寓意着红火顺利、连年有余？这可是老北京的年俗传统。老人做寿传统上是送寿桃、寿面，时尚的是送绿植。送升学的学生最好是学习用具或是有文化寓意的纪念品，鼓励孩子上进。如果是商店开张，请人写个横幅或者刻个匾额赠送过去，算得上是大气高雅的祝福。现在各种喜庆日子都可以送相应的鲜花，赶上结婚送现金随份子没有问题，但多少要合宜，也可以送小两口儿共用的生活用品，但不能送伞或是钟，因为听起来谐音不顺耳。赶上亲友家的白事一般送用素纸封的现金，如果没赶上也就过去了，丧后不补。

　　礼表心意，维系着人们彼此的关切和尊重。送什么礼以合宜、相宜为准，而不在贵重与否。空有形式的礼让人觉得虚伪，太过贵重的礼让人怀疑另有企图，只往不来的非礼近乎堕落成行贿，凡此种种，只能辱没了礼的名声。

引经据典

《礼记·曲礼》

 **人心如镜**

　　从前有座山，山上有座庙，庙里供着个小神仙，能看透你的心。于是人们爬呀爬呀，好不容易爬到了山顶，穿过重重庙宇，跪在神龛底下烧香磕头，一抬脸，吓一跳："哟！怎么看见自己了？"再仔细一瞧："嗨！敢情上面供的是面镜子！"

　　人的心就像一面镜子。照见世间万物，照见过去将来，也照见你所遇到的每一个人。有的人总是苦恼于别人不理解自己，却从来不站在别人的位置来审视一下自己。想知道别人怎么看你吗？其实很简单，你怎么看别人，别人就怎么看你。这就是为什么你敬重的人通常也看得起你，你讨厌的人一般也讨厌你。当你看别人傻的时候，不要忘了，那个人看你更傻。

　　《孟子》里有这么一段话："君之视臣如手足，则臣视君如腹心；君之视臣如犬马，则臣视君如国人；君之视臣如土芥，则臣视君如寇仇。"把这里的"君"理解为上级，把"臣"理解为下级，现在单位里的很多事就一目了然了。上级对待下级如果像手足兄弟，下级就会认为上级是懂自己的人，对上级掏心掏肺说出心里话来，有时候拦都拦不住。上级如果一味地苦使唤人而不考虑下级的诉求，下级眼里的上级就跟大街走道的路人没什么区别，干工作仅仅是应付差事，谈不上对上级有多敬重，更谈不上主动负责。如果上级对下级如浮尘草芥一样不往眼里夹，下级必会把上级当成仇敌，得机会就想报复一下子。上下级之间的关系，无非是互相照镜子。对陌生人也是一样，就比如说话，有道是言为心声，如果你说的话横着出去，那么人家回敬的一定是很难听的话。

你不想别人把你当成仇敌吧？你想得到别人的尊重和认可吧？怎么办？"己所不欲，勿施于人"，自己不想做的事不能要求别人做，这就是传统文化讲的"恕"。什么是恕？就像这个字的组成"如心"，人的心都一样，如同一面镜子。

怎么处理单位里的人际关系呢？如果你讨厌你上级的某些做法，就不要用同样的做法对待下级；如果你讨厌下级应付自己的态度，就不要用类似的做法应付上级；如果你厌恶某些前辈的不检点，就不要在晚辈面前也像他那样；如果你看不惯晚辈的行为举止，就不要同样去对待前辈；如果你看不起左右的同事，想一想周围的同事是不是也同样看不起你。听起来有点啰唆是吧？但这就是《大学》里说的。事实上，人们往往能注意处理上下级关系，却不太在意前辈和晚辈，尤其容易忽略周围左右的同事或部门。《大学》里把这段啰唆的为人原则叫"絜矩之道"，就是用自身作为标准来衡量别人，从而理解别人，与别人融洽沟通的道理。推己及人，用你心里的镜子映照别人心里的那面镜子，就能看懂别人。试着站在对方的情境和角度上去理解对方，如果你是对方会怎么办？对方的看法和做法也就明白个八九不离十了。

那怎么才能让别人懂得你呢？从自身找依据，拿自己打比方，让对方体会到你是发自内心地认可他，对方也就同样认同了你。就像你手里攥着一把斧子砍木头，希望砍出来一个斧子把，那就随时比照着自己手里的斧子把去砍好了，砍出来自然差不太多。"伐柯伐柯，其则不远"，说的也是这个道理。

恕，不是去原谅谁、饶恕谁，而是与人沟通的基本功，是处理人际关系的普遍法则。恕，是用自己的心去衡量别人的心，心心相同，心心相通，人与人相处才能通达无碍。当然，想做到恕，首先要具备足以照得下别人心里那面镜子的心胸。

引经据典

《孟子·离娄下》《论语·颜渊》
《礼记·大学》《诗经·伐柯》

忌讳

 **风俗忌讳**

　　日常生活中总有这样或那样的忌讳，有的有道理，有的好像也没什么道理。对长辈、领导、德高望重的人不能直呼其名，这是出于敬重的心意，《公羊传》就有"为尊者讳，为亲者讳，为贤者讳"的说法。也有一些莫名其妙的新忌讳，比如忌讳"四"，据说因为"四"与"死"谐音。传统上忌讳说"死"，却并不忌讳"四"。比如摆宴席有四四到底，好男儿要志在四方，做事情要四平八稳，好环境四季常青。死是人生的无奈，谁都不愿意提起，于是亲友故去说成"老了""走了"，对于无关痛痒的人可以说成"吹灯"或"撂挑子"，老北京有一种诙谐的说法叫"嗝儿屁"，还衍生出了"嗝儿屁着凉"。那如果人真的拔腿离开又怎么说呢？文雅的叫"告辞"，通俗的叫"撤了""颠儿了"。"死"字不是不能提，但说出来不是那个意思，就像"睡得死""死沉""死抠"里的"死"都表示程度很深。

　　忌讳有着深远的历史传统，追根溯源是来自上古的巫术心理。古人认为语言有着神秘的力量，不好的字眼儿说出来或是听进去都可以招灾惹祸，所以不能说出口来。不过恨一个人可以骂他坏，甚至可以咒他死，觉得特别解气。

后来由巫到礼，于是《大戴礼记》里有了"不称其讳，不犯其禁"的规矩。在古代，忌讳作为礼制有着严苛的规定。首先，皇帝的名字是绝对不能提的，父母的名字也不能提，别人先父母的名字更不能提。《史记》全文没有"谈"字，因为司马迁的父亲叫司马谈。在杜诗里找不到"海棠"，因为杜甫的母亲叫崔海棠。现代人也许很难理解为什么不能提别人先父母的名字？《颜氏家训》里讲了好些听闻父母名讳立即窘迫不安、落泪痛哭因而耽误办公事的例子。古人一听到先人的名字就会伤心哀念，所以《红楼梦》里的林黛玉为了避母亲的名讳，读到"敏"字一律念成"密"，现在很少有人会这样做了。

忌讳流传于民间，演变成不同的风俗。大运河里行船不希望停住，于是船夫用箸吃饭的时候反其道而叫之，"箸"成了"筷子"。广东人不爱听"降"，把竹杠压的面条叫成了"竹升面"。山东人大气，忌讳说争风吃醋，蘸饺子的醋索性就叫"忌讳"。说到吃饭那忌讳可就多了，比如一碗饭不够吃再续一碗要说"添饭"，而不能说出"要饭"。木樨肉、摊黄菜、甩果儿汤都是鸡蛋做的，可为什么没有"蛋"字呢？据说旧时皇宫里出来采买的太监忌讳"蛋"这个字眼儿，连鸡蛋都要叫"鸡子儿"。忌讳也可以是某种行为，比如海边的人吃鱼不能翻，据说容易让人联想到翻船。分离使人悲伤，在四合院里不能种梨树，当然也不能种桑树，甚至不能只种一棵树，因为"口"里有个"木"念"困"……所有让人感觉不爽的字都要忌讳。忌讳一旦深入民间就扎下了根，即便最初的依据已经不存在了，但忌讳的印记却很难抹去。比如虽说嬴政创立的秦朝极其短命，但直到今天农历正月的"正"仍不能读"政"，而要读"蒸"的音。

尽管不同时代、不同地域的忌讳各有不同，但究其原因无外两点，要么为了避免不好的联想，要么为了表示尊重，总之是一种无形的自我约束。从这个角度看，即便有些忌讳未必科学，但还是尽量从俗为好，何必招人不高兴呢？不过忌讳也要讲个限度，不能过分、极端，否则只能事与愿违闹出笑话。宋代有个叫田登的郡守让老百姓避讳他的名字，下面人只好把上元节观灯告示的"放灯"说成"放火"，结果留下了"只许州官放火，不许百姓点灯"的千古笑柄。

引经据典

《春秋公羊传·闵公元年》《大戴礼记·曾子立事》

面子种种

衣食住行是生活的必需，也是最起码的面子。天生的长相很难改变，只要穿着得体就能赢得面子。以貌取人虽不可取，衣冠不整却会被拒之门外而丢了面子。短缺经济时期，很多人贴身穿的衣服补丁摞补丁，可外面必会罩上一件像样的外套，"但看身上衣"可见一斑。吃饭同样离不开面子，那时候平日粗茶淡饭必须节俭，请客吃饭却大盘子大碗一定要剩下，生怕丢了面子。若有贵客光临饭局，更是主人天大的面子。说到住，为了接待贵客，把街坊四邻的家具、电器借来摆着充门面，现在听着像是笑话，在当时却很常见。至于行，从古代的车辇到现代的座驾，历来都是乘坐者的脸面。自古至今，只要是人和人见面就离不开面子，甚至能跟只见过一面的名人合个影，也透着特有面子。

要面子是人的自尊心，本无可厚非，可要过了分，很容易演变成死要面子，那就只能活受罪了。死要面子可谓历史悠久，《孟子》里有个故事，说有个齐国人每天出去闲逛，回家之后总摆出一副酒足饭饱的架势，跟家里人说自己在外面有一帮有钱有势的朋友成天欢聚畅饮。可家里人从没见有哪位体面人来找过他，于是他媳妇盯梢，发现他走在街上都没

个人搭理他。他所说的"酒足饭饱"竟然是在城外墓地乞残
羹讨剩饭吃。也别说，清末京城里就有破落旗人上街之前拿
块猪皮蹭蹭嘴，生怕别人知道他在家吃窝头咸菜。看来，死
要面子不分家里家外。

面子是什么？能让那么多人打肿脸充胖子？说到底，面
子是一个人对自我价值的肯定，同时需要得到别人或群体的
认同，或者说面子就是别人眼里的自己。如果这种认同感没
有如期而至，那就只好去要面子，甚至戴上一副面具虚张声
势地装面子。尽管面子看起来虚却真有价值，而且能分出大
小，面子的大小象征着一个人调动社会资源的实力。

要面子本非坏事，人顾忌到自己的脸面往往就不敢肆意
妄为，如果连脸面都不要了，恐怕就只剩下无耻了。不过要
面子必须把握好分寸，过于执意要面子很容易演变成迷惑自
己的幻障，轻者弄巧成拙，重者伤害自身，甚至丢了性命。
一句"没脸见人了"害死过多少天真的人？生命诚可贵，让
面子把自己将死，实在不值。《檀弓》里曾子对"嗟来之食"
的态度也是"这是微不足道的事，他哴哆你的时候别理他，
他既然道歉了但吃无妨，何必非饿死不可呢！"。

要面子不寒碜，因为面子背后是人的尊严，尊严当然有
价值。正因为有价值，所以可以给面子，也可以借面子，让
对方感觉到自己在他人眼里也挺尊贵。比如恭维、抬举是给
面子，在一起出现是给面子，允许他人利用自己的关系和影

响是给一个很大的面子。给人面子未必付出很大代价，却可以给自己挣面子。面子是相对的，给出去或借出去的面子迟早会还回来。"人抬人高，水抬船高"，说不定哪天水就转回来了。即便给不了，起码也要照顾别人的面子。就算是施舍或捐助的慈善行为也不能俯视着对方。用别人的卑微来满足自己的优越感是伪善，用伪善来给自己贴金更下作。

礼传千年讲的无非是个尊重，其中就包括尊重别人的面子。"虽负贩者，必有尊也，而况富贵乎。"达官贵人和小老百姓内心都同样希望被人尊重，这就叫自尊。同时，每个人还都希望别人看到自己被人尊重着，这就叫体面。体面是外在的，是像脸一样露出来让别人看的，说俗了就是面子。人总是要互相面对面的，只要有人际交往就回避不了面子，彼此尊重，彼此也就都有面子，有了面子才可以面对生活中形形色色的人。

引经据典

《孟子·离娄下》《礼记·檀弓》《礼记·曲礼》

 **人情往来**

人际交往，少不了人情。有了人情，人和人之间才有了温度；离了人情，只能叫作交易。

人情往往和面子联系在一起，但人情又不等同于面子。面子可以在陌生人之间要或者给，但基于情谊的人情只在熟人之间才有，而且越是亲近，人情的力量越大。至于通过熟人去认识的人，人托人办事，托一层人情就淡一层，靠面子的成分就增加一层。陌生人之间见面多了也能从生人变成熟人，有时候也能产生人情。人情和面子相互转化，也就产生了情面。

面子多半是虚的，而人情却是实的，正所谓情真意切。真切的人情具有实打实的价值，否则就成了虚情假意。人情的价值可以储备，可以保值增值。别人特意帮过你，就等于别人在你这里存了一份人情。记住，无论过上多少年，当别人表示需要的时候，你必须毫不犹豫地还回去。只要人在，人情就在，人不能欠人情债。如果人都不在了，人情还在，那就是堪称长情的美德了。

人情的价值可以体现为某种方便、某种机会、某种关爱、某种帮助，甚至也可以是用金钱去救助，但却不能够用金钱的价值来量度。人情一旦换算成金钱就丧失了最宝贵的人情味儿，仅用金钱就能买到的便利绝谈不上是人情。就比如去看老朋友，手里一定要提溜着东西，吃的、喝的、使的、用的都可以，但除非是对方确有急难，轻易不能直接给钱。单位慰问退休职工可以加个红包，可要是把钱打到卡上，就少了一份温情。

人情的本质是把真情分转换成办实事，而不是货币与物质的交换。究其原因在于，从传统上讲我们与人交往的全部历史经验来自有着亲缘关系的家族社会内部。亲人之间相守的是情分，伦理价值是这种人情牢固的基础。尽管说"亲兄弟明算账"，但亲不亲一家人，打断骨头连着筋，底线是不能掰了生分。这种几千年形成的应对组织生活的习惯稳定而持久，让我们在与人交往的公共活动中自然而然沿用着，在相熟的社会群体里带入了泛亲缘关系的情境，不自觉地把亲情的外壳转化成了人情，套用了家族内部的相处模式，甚至连称谓也是如此。同事之间往往称呼张哥、李姐，大学同学叫师姐妹、师兄弟，单位彼此是兄弟单位，上过的学校叫作母校，校友返校叫回家看看，公交车上给小朋友让座的要叫叔叔、阿姨，甚至大街上素不相识的长者也要让孩子叫爷爷、奶奶。家文化的影子笼罩着我们的生活，简直无处不在。

然而公共群体里通过人际往来构建的人情又区别于血脉亲情。亲人之间可以没有直接的目的性，社会交往中自发的人情却带有明确的目的性。人情是需要回报的，作为维系关系的纽带彼此认同却又心照不宣。"往而不来，非礼也；来而不往，亦非礼也。"礼尚往来，往来的并不只是礼物，更多的在于那份真诚的人情交融。毕竟礼生于情，而情生于性，人情体现的是人性里彼此关照、对等相助的本色。老北京大杂院里街坊四邻不管谁家包饺子都要相互赠送的风俗，也正暗含了彼此之间需要相互照应的意思，老百姓把这叫有人情味儿。

有时候人情是把双刃剑，过分放任有事没事总麻烦他人，或是有意压抑着说"我就是不求人"，结果都可能伤己伤人。把握住合乎情理的分寸，既能体现人情之美，又不被过度的人情所绑架，是一件挺不容易的事。无论你认为人情社会好与不好，都只能生活在其中，顺势而为就好。"世事洞明皆学问，人情练达即文章"，理顺了人情，人与人的交往也就通顺了。

引经据典

《礼记·曲礼》《郭店楚墓竹简·性自命出》

圈子底细

手机里有个社交平台叫朋友圈，圈里的人未必都是朋友，也会有熟人、半生不熟和不那么熟的人。生活中人们同样归属于不同的人际圈子，甚至在一个单位里就能形成几个小圈子。圈里的人未必都是朋友，也有熟人和半生不熟的人，但一般没有陌生人。即便有，也总能通过圈里的熟人引荐逐渐熟起来。这就是圈子的魔力。在圈里托人办事让人觉得靠谱，就算帮不上忙也会给个台阶下，不至于太没面子。如果谁在圈子里坑人、蒙人或深分了得罪人，那就只能做一锤子买卖——在圈里没脸见人。结果很可能被踢出圈子，再也享受不到圈子里的诸多好处。

作为一种不可回避的社会现象，毋庸讳言，进了圈子当然有好处，而且常常是某些人觉得花钱买不来的好处，比如获得某种有价值的信息，掌握稀缺的社会资源，得到信任和尊重，抓住难得的机会，再不济还可以凭借圈子抬高自己的身价。这些好处往往稀缺而隐秘，不存在公开的市场，只能在分散的场合靠人托人、人求人进行个别、偶尔的交易。这也正是吸引某些人去刻意钻营圈子的原因所在。

圈子里的交易虽说是交易，却有着很强的柔和性，并不是一手钱一手货即刻了结的，往往表现为具有人情味儿的赊欠，而且很难算得清楚价格。交易需要中介，欠了人情终究要还，于是圈子满足了这种长期需求。圈子本身提供了可以传递的人情，保障了彼此的信任，甚至能为在不那么对等的交易里多付出的那位赢得赞誉，这也不失为一种补偿。如果谁能常常赢得这样的赞誉，那自然会在圈子里受到尊重，日久天长形成声誉。如果这种声誉能传扬到圈子外，那就叫破圈了。

圈子里虽没有规定谁是头儿，却少不了几位有声望的带头人。圈子的成员是一群可以互称"咱们"的人，大伙儿有着共同之处，要么是同学、同僚、同业，要么有着相似的经历或是相同的爱好。有了共同之处才能彼此说得上话。能说上话，才能相互帮衬。当然，彼此吐槽与叙旧仅仅是形式，相互帮衬才是实质。

在社会上完全不托人是办不到的，可谁又知道自己在什么时候会托到什么人呢？谁又有那么多可以相托的好朋友呢？于是找朋友托熟人，托半生不熟的人，进而托不认识的人，于是需要进入几个不同的圈子。进入的圈子越多，可托的人也就越多，和人相处自然也顺利得多。在圈里帮人不会白帮，终究会转化为帮助自己。即便一时得不到回报，也会把短期的付出转化为长期有效的情面储备起来。

圈子提供了彼此相托的便利场所，或者说是一种为人处事的有效途径。如果圈子里这种情与事的交易越来越少，圈

子也就不知不觉地自然消散了。维系圈子的根本需求并不是
友谊，而是彼此觉得有用。这种价值往往不是金钱，或不是
用金钱能够直接换取的。

说到底，圈子模仿的是传统文化里家族社会内部的人际
交往习惯。这种习惯源自牢固稳定的农耕文明，几乎提供了
我们祖先几千年来全部的组织生活经验。即使是现代社会，
人们也难免不自觉地模仿这种泛家族式的处事方式。传统家
族内部的人情是各尽所能、资源共享、长期稳妥；圈子培养
的正是类似于家族的人情，同样是为了各尽所能、资源共享、
长期稳妥。其不同仅仅在于家族全靠先天的亲缘得以维系，
圈子却可以是"方以类聚"的相互认同、"人以群分"的自主
选择。人可以自然而然地属于某个圈子，但不要唯利是图去
刻意钻营圈子，弄不好荒腔走板，丢了自己，结果反倒不好。

什么人能进什么圈子也是有说法的。尽管圈子貌似松散，
可也不是谁想进就能进的。要想成为圈里人，必须得到圈内多
数人的认可或是有声望的人引荐。否则，即便同处一室，人家
大伙儿聊得正欢，您探头过去一掺和，人家立马转移话题了。

引经据典

《周易·系辞上》

 **做个达人**

也就这些年，"达人"一下子火起来了。什么旅游达人、美食达人、动漫达人、购物达人、宠物达人等等，让一个不折不扣的老词一下变成了时尚用语。那什么是现在所说的达人呢？感觉还不等同于业内专家，好像更倾向于对某种生活方式玩儿得很溜的业余行家。这样的达人要么消息灵通，要么手艺精湛，要么见解独到，往往都有展示自己如何之"达"的自媒体公众号，被一众粉丝像明星一样效仿着、追捧着。商家对本行业的达人们自然有诸多优待，达人在圈子里特有面子，特吃得开，办起事来也格外顺利。

"达人"的说法早在两千多年前的《左传》里就有了，"圣人有明德者，若不当世，其后必有达人"，说的是日后必有通达事理、明德辨义之人。但一般人印象最深的恐怕还是孔子说的那句"己欲达而达人"，这个"达"所要表达的更倾向于在现实生活中通行无碍。从这层意思上讲，现在的达人确实也算得上是一种"达"，只不过这种"达"多半局限在自己擅长的那个小圈子里。

如果站在更广阔的视域去看，"达"所体现的是一种善于处理人与人之间关系的协调能力。谁不希望在单位工作的时候少些阻碍？谁不希望自己在社会上的路越走越宽？那么好，将心比心，有别人找你办事的时候，你也尽量不要为难人家。特别是有了一些小权力的人更应该明白，你阻碍别人，不定什么时候就会有人来阻碍你。有意思的是，阻碍你的人可能并不是你所阻碍的那个人，就像如果你总帮衬别人，就会有人来帮助你，而帮你的人也未必是你帮过的那个人一样。如果能进一步，站在对方立场上考虑，在力所能及的范围内给人家提供些便利，对于一些规定在不违反原则的前提下，适当把握分寸，柔性融通，那就更有人情味儿了。心里装得下别人，你的心路就会越来越宽敞。一个人的心路有多宽，往往就决定了他的人生道路有多宽。理解别人，同时是在拓展自己，给别人路也就是在给自己铺路，这就叫"己欲达而达人"。心里容得下别人，正是协调人与人能力的前提。

　　达人有自己吃得开的圈子，一般人也有自己的一众熟人和朋友。如果大伙儿能够尽心尽力地互相帮衬、彼此促进，日子长久也就成了一路同行向上走的伙伴，共同成为某一领域的通达之人。向上走，自然要花些力气，朋友间的切磋琢磨也难免会让彼此之间形成某种压力，未必总让彼此觉得那么舒服。只要把握住合适的度，相互留有余地而不越界侵扰就好。也许有一天你回头看，会发现正是这种真诚督促产生的压力转化成了动力，把你推送上了一个更高的平台，于是你会由衷地感叹："当初如果不是谁谁一个劲儿督着我，我怎么能到今天的位置?"如果是这样,恭喜你!你体会到了"君子上达"的美妙。

相反,生活中我们往往看到这样的景象:几个五十多岁的老爷们儿在酒桌上彼此发着牢骚:"当初就是那小子成天拉着我胡混瞎折腾,结果害得我到现在什么也没干成。"然后端起酒杯一仰脖子,"喝!"又是一杯苦酒下肚了,真可谓是"小人下达",越喝越迷糊。

道路是有方向的,"达"也有。能够推着你、拽着你"上达"的人,是你生命中不可多得的贵人。

引经据典

《左传·昭公七年》《论语·雍也》《论语·宪问》

 ## 不如意者

　　不知你有没有过这样的体会：面对周围的大环境，忽然觉得自己是那么无能为力，那么无援无助，那么无可奈何，深深的疲惫感让你觉得心累，好像置身于无依无靠的旋涡里，只能随波逐流，不能有丝毫的把控。在单位里总觉得生不逢时，自己的才干得不到别人赏识，上面没有领导肯伸手拉自己一把，底下也没有人愿意推举自己一下；领导周围总有一帮喜欢拍马屁的小人瞎叽咕，合起伙来算计自己，说自己的坏话，让你总处于危难的境地。回到家里，总是有那么多不称心的地方，单位离家远、孩子不听话都算是小事，若是家庭不和睦、夫妻不融洽，自己挤在父母和爱人中间受夹板儿气，或是赶上个不靠谱的亲戚找你借了钱不还，再有个长期病号可就更糟心了……生活中总有太多的不完美、不如意。

　　人们往往是感觉顺心的时候少，觉得不如意的地方多。圆满只是生活的偶然，不完美才是生活的常态，事事如意的人几乎没有，不如意的人比比皆是。在外面受的是"不如意事常八九"的委屈，在家里同样有"可与人言无二三"的憋闷，生活就是这样。问题是，我们怎么对待这样不如意的生活呢？

　　我们不能改变周围的环境，甚至不能改变自己的生活状态，但有一点我们只要愿意是有可能做到的，就是把握住自己做事待人的心境。比如说面对生活中诸如擦地、端水、收拾东西之类的小事，你是否做到了尽心尽力？对于当下情境中的诸多细枝末节，你是否投注了自己的诚意？你是否乐意不计得失，为你看着不那么顺眼的人去做一些小事？如果没有，你就很难改变自己的处境。

　　须知生活的细节里藏着社会实践的起点，社会实践的起点恰恰就是希望的头绪和迹象，千万不可以放过这隐微之处的端倪。在日常小事中，尽自己的至诚之心并不是每个人都能意识到的途径，更不是每个人都能做得到的事情。然而，磨炼自己在细微末节中把握生活本质的这种从容心态，恰恰可以培养出你卓越的才能。

　　从手上的小事做起，你才会走得更远。广泛了解社会生活，能让你站得更高，让你摆脱内心那种"长恨此身非我有"的失落感，日久天长你就能在复杂而宏阔的境遇之中游刃有余。对于外界，即便你不喜欢周围的环境、周围的人，只要你还没有离开此处就不可以表现出懈怠与敖惰，而应当真心诚意去对待，这才有可能为你赢得尊重和欣赏，减少阻碍，打开更多的门径。对于自身，周围环境再差也要记住"身可危也，而志不可夺也"的古训，即便处在逆境，也要抓住点滴机会做自己打心眼儿里喜爱做的事，在脚踏实地的同时不放弃自己的志向，不忘却对希望的追寻，如此栽培自己的心田才能度过迷茫。毕竟是功不唐捐，你下过的功夫，你的任何积累都不会白费，也许是几年，也许是几十年，你终究会有机会施展自己的抱负。

谁的生活都不完美。你所听到的、所见到的那些所谓成功人士的真实生活可能比你更不完美。他们为什么成功了？恰恰是不完美督促着他们念念不忘追求与向往，是缺憾抑制了无聊与乏味，让生活有了奔头，有了无限丰富的可能，为不如意者开辟出了更多自己也未曾预料的生命向度，而所谓成功者不过是活出了自己的模样。

引经据典

《礼记·儒行》《礼记·中庸》

 **有种勇敢**

"如果提前了解了你们要面对的人生，不知你们是否还会有勇气前来？"面对电影《无问西东》里的这句锥心叩问，恐怕不少人会丧失再来的勇气。

然而，我们毕竟是来了，也就只好既来之，则安之。至于生活中那些看到的、听到的、经历过的和必将经历的种种沮丧，唯有鼓足勇气去面对。那么，什么是勇气？我们又该怎样获得勇气呢？

不论什么时代，总能见到把勇气理解成争强斗狠的愣头青，大街上别人多瞅他一眼，他都要不错眼珠地回瞪过去，那架势恨不能立马儿撸胳膊挽袖子跟人家干一仗。更是有些二杆子无事生非，用刀子在自己胳膊上刺出一道道血印子于众人面前炫耀，自诩为有种。这些年轻人把自己幻想成了古代的勇悍狂侠，颇有"衽金革，死而不厌"的"北方之强"般的豪气。

年轻人身上或多或少残存着些"上古遗风"，这很正常。上了岁数再干这种傻事的人倒是不多，可与之一脉相承的中老年好斗男女仍不在少数。别人稍微有些言语不周就感觉自己在大庭广众之下受到了侮辱，尤其受不了那些自己看不上的人对自己的冒犯，于是立刻反唇相讥破口大骂，甚至举手动粗，真个是"恶声至，必反之"，绝不吃一丁点儿眼前亏。这种"勇敢"有点儿像刺猬，狭隘而肤浅的背后是一种隐隐的自卑。殊不知对待无伤大体的冒犯者能够予以包容，应对生活中小小的无礼可以一笑了之，即便是小怨小恨也没必要睚眦必报，就算是教育对方也可以用宽柔的口吻，这才称得上是有勇气的强者，孔子把这叫作"南方之强"。

在单位里和社会上，我们都会应对诸多有形或无形的挑战，有些挑战不容你有精神准备就不得不上阵应战。当你遭遇那些没有把握获胜的狭路相逢时，如果能够心怀必胜的气概无所畏惧地迎上去，把不胜当作能胜来对待，心想"即使不胜又如何？"，这也不失为一种勇敢，兴许真就能靠这份气概赢了这一局。

日常生活中那种非黑即白的敌对场面毕竟不多，更多时候令我们沮丧的是笼罩在心头的灰蒙蒙的压抑感。人们在自己所处的小环境里日复一日过着混沌的日子，平庸的情境禁锢着人的一举一动，沉闷的心境让人浑浑噩噩，你感觉不到自己情感的涌动，只会在意周围人都在意的细碎琐事。过分的表面同质化让你感觉到憋屈，却又无从下手改变迷茫，更不知道该如何去戳破缠绕自己的网。

如果是这样，请鼓起勇气来承认现实、面对现实，同时坚守自己。你不需要对周围的环境充满敌意，更不必与那些令你不悦的人直接冲突，而应当用心去适应环境，与周围形形色色的人平和相处。对待人，顾及方方面面而不偏颇；处理事，顺时施宜而不固执；靠自己的真本事行事，开辟自己的一片天地而不依附于他人，持节守身而不随波逐流。面对生活中遇到的种种小矛盾扪心自问，如果自己不占理，对方再卑微也不应该趾高气扬；如果自己占理，就要坚守自己的主张。能做到这份儿上，才是一个岿然勇者。真正的勇气不是表面上的情绪冲动，而是生自心田的理性抉择，俗话叫作"有种"。

　　周围环境并不由我们来决定，而我们又往往无从选择与逃避，就像一颗种子，并不能决定自己落在哪里。身逢好的境遇就让环境来辅成自己，遭遇差的境遇能够守住自己的气节，受到打击的时候绝不放弃自己珍贵的志向，这才算得上是一个矫矫勇者，一个"有种"的人。日久天长，周围的人自会认可你、适应你。而你，终究能够成就自己心里的那颗种子。

引经据典

　　《礼记·中庸》《孟子·公孙丑上》

从前有座山，山上有座庙，
庙里供着个小神仙，
能看透你的心。

人生天地间，行止随时运。每个人都与天地

时光发生着无限复杂的联系，有些事情我们看得

清，更多时候我们讲不明。传统文化里一些朦朦胧

胧的说法，往往源于我们文明之初对时节的生存体

验和对天性的取象认知，这些说法恰恰是传统文

化的本初概念。正是在对这些先于理性而自然发

生的认识进行不断反思与阐释的过程中，我们逐

渐理解了自己，并随时与当下的生活进行交谈。

❄ 阴阳合历

正月初一过春节，俗称阴历年，与之相对的是公历 1 月 1 日的元旦，叫作阳历年。这么一来，很多人觉得农历就是阴历，公历才是阳历。这可就错了。

什么是阴历？月亮属阴，以月亮运转周期为依据的历法叫阴历。古人站在夜空下翘首遥望，月亮的盈亏变化举头可见，望见一轮满月皓洁如镜，这就叫"望"。之后满月一天天亏凸渐残，如弓似羽，直到一丝不见。虽说看不见，但月毕竟会再来，那就叫"朔"吧。继而一弯蛾眉月重现深邃的长空，期盼中的满月一天天盈凸，直至圆满，这一周期总是三十来天。于是"朔"成了每月的初始，就是初一。过上十五天，正值月中，满月如期而至。如此循环往复一期一会，永不停歇。

"朔"与"望"直观明显，这特别的两天就成了阴历惯常的节日，像正月初一春节、二月初一中和节、正月十五元宵节、七月十五中元节、八月十五中秋节都是朔望节。除此之外，月期和日期相重的日子也挺容易记住，这就有了三月三上巳节、五月五端午节、七月七七夕节、九月九重阳节这些重数节。

　　传统节日并不都遵从这两个规则，比如清明节。谁也说不准清明节在阴历的哪一天，原因在于清明节是因节气而定的节日，与月亮无关，与太阳有关。春节原本也是节气节，是在二十四节气之首的立春这一天。把正月初一叫成春节是1912年以后，在此之前这一天一直叫元旦或元日。古诗里写的元旦是说正月初一，老百姓叫过年。

　　节日是人定的。节气是天定的，是人依照太阳的运行规律来确定的。如果在地上立根杆子，正午时分日影最清晰，这就是成语"立竿见影"的来历。日影的长短一天天渐变，其中最长的那天白昼最短，叫日短至，也就是冬至。这一天阴阳相争，万物萌动，从这天起日影渐缩，白昼渐长，古人认为这是寓意走向光明的好时节，天子要到天坛去祭天。自古"冬至大如年"，冬至曾经被定为冬节，可见有多重要。古人靠测量日影确定了白昼最短的冬至和白昼最长的夏至，还有昼夜平分的春分、秋分，之后逐步完善成了二十四节气，用以指导耕作。节气以太阳的光影为依据，太阳属阳，因此节气属于阳历。阳历的节气与阴历的"月"相互配合构成了属于阴阳合历的农历。

　　不过有个问题，月亮的盈亏和太阳的运转没有直接关系，这就造成阴历的十二个月比阳历的一年少了十一二天。农历的闰月正是用来找齐这个时间差的，所以加上闰月的年份是一年十三个月，能有380多天。在古代，确定闰月是一件挺复杂也挺重要的事，必须由王者亲自站在宗庙大门之中高声颁布历法，于是有了"闰"字的模样。

今天我们知道节气反映的是地球围绕太阳的运转周期，度量节气的标准是地球环行的角度，每15°为一个节气，历经二十四个节气整整一周360°，恰好一年。在哥白尼提出"日心说"之前，没人知道地球围绕太阳转，我们祖先眼中的"年"来自在大地上种出庄稼的启示。古人看到阳光映照着幼芽破土萌生，这就叫"春"；看到禾谷熟似火灼，这就叫"秋"。春华秋实，一个春秋就是一年。"年"的甲骨文正是一个人背着弯弯的谷穗，象征丰收。

你闭上眼睛，想着"春"，脑海里浮现的会是一片嫩绿；想着"秋"，脑海里浮现的会是一片灿黄。要是听到"春秋"二字，脑海里闪过的会是历史的岁月。我们的祖先正是在阴阳和合的春秋中感受时光，一年又一年顺应大自然的节律生活着。

引经据典

《礼记·月令》

❄ 随时节气

自打二十四节气被列入联合国教科文组织人类非物质文化遗产代表作名录以来，越来越多的人也有了跟着节气过日子的意识。不过，大部分人到了某个节气首先想到的不是土地和庄稼，而是"这个节气该吃点什么？"，顶多碰巧雨水这天正好落下雨来，或是大雪这天飘起了雪花，会情不自禁感叹上一句"要说咱老祖宗发明的节气还真准！"，仅此而已。

论真了说，节气并不是谁能发明出来的，而是天地运转的自然规律。地球围绕着太阳转一圈360°，无所谓开始与结束。随着春季来临，天气日渐温暖，人们为了方便记录天象，把太阳从正东方升起的那一天定义为起点0°，自西向东每度量15°命名为一个节气，一年正好二十四个节气。这才是节气的本质。

当然，哥白尼之前没有人知道地球绕着太阳转，我们的祖先看到的是耀眼的日头在苍穹上慢慢行走，经过一年正好转回到原处，于是把太阳在天上运行的轨道叫黄道，起点这天就是黄经0°。这一天特别在哪儿呢？这一天，白天和黑夜一样长，昼夜平分，因此叫作日夜分。这一天，在阳光照耀下，地里的禾苗滋生出嫩绿的芽叶，春花开满田，耕牛遍地走，蛰虫也开始伸胳膊伸腿动了起来，正是万物生发蓬勃的春季之中，那就叫春分好了。一年当中真正的日出东方只有两次，春分是一次，与春分相对的一次还有秋分。秋分时节禾谷丰硕，割稻碾米，修仓蓄菜，又是庄稼人繁忙欣喜的收获之时。春华秋实，耕种收获，周而复始，年复一年，日出东方的这两个关键时节构成了中国人的历史观——春秋。

古人种地靠天吃饭，观乎天文以察时变，目的是通过认知自然现象来反哺人文规律，指导人在土地上耕作百谷。有了土地和百谷，也就有了社稷，有了人文。

一年里可以简单度量出来的特殊日子总共四天。在太阳地里立一根竿子，你会看见竿子背面的影子。一天之中正午时分日影最短也最清晰，但每天正午的日影并不一样长，影子最长的那天白昼最短，叫日短至。这一天在冬季，当然也叫冬至，过了冬至，白昼一天天变长。夏季的夏至正好相反，正午的日影最短，白昼最长，故而叫日长至，过了这天，黑夜越来越长。从冬到夏，四时行焉，如此周而复始。

古人把土堆起来，在上面插根木头，顺着正午时分的日影在地上标画出冬至、夏至、春分、秋分留下的光阴痕迹。堆土为圭，立木为表，日后就演变成了天文仪器圭表，有了圭表就可以记录春、夏、秋、冬四个最重要的时节。之后，人们又结合物候与气象衍生出二十四节气，帮助我们理解大自然之中的生命韵律，感受四时行、百物生的壮美绚丽，把握生活中的进退合宜。

　　我们常说的"随时"，原本是指人随时而动，与天地运转的节律合拍。经典里讲到的"时中"，说的是人求时之中，在最恰当的时候做当做的事，时时合度，无过无不及。我们的老祖宗随着节气过日子，春种、夏长、秋收、冬藏，应天顺时，耕作有节，使万物得以厚养。二十四节气宛若镌刻于天地之间的一圈标尺，以天文定历法，规范着古老的中华农耕文　明，奠定了贯穿千百个春秋的天人合一理念，让中华民族生生有节而不息。

引经据典

《礼记·月令》《周易·贲·象传》《礼记·中庸》

春

🎄 节庆祭典

　　老一辈人要是提起一件事来，往往不是说发生在哪月哪日，而是会用"记得刚过了端午没几天"或是"应该在中秋节头几天"等说法来标记日子。传统节日，就像是铭记在老百姓心里的时光刻痕，比干巴巴地用数字说几月几日不知要生动多少倍。

　　节日是大伙儿都要记住的日子。过节跟平常大不一样——过节放假，走亲戚看朋友亲密乐和；过节好玩儿，看花灯、荡秋千、赛龙舟、画兔儿爷不亦乐乎；过节少不了好吃好喝，元宵、青团、粽子、月饼等等期待了一年的美味香甜可口，让人把节令化作食品吞进肚子，天人合一就这么轻松愉快地实现了；过节喜庆，节日节庆，逢节必庆，人们的心情也为之一振。传统节日是生活里的点点灯火，滋润着平淡的岁月，让寻常人的小日子有了奔头儿。

　　古时候过节可不只是吃喝玩乐这些俗事，过节的重中之重当属祭典。"庆"字的甲骨文像一个人眉开眼笑手捧着宝贝，那肯定是去参加祭典，神圣的祭典才值得庆祝。后来在金文里演化成带着鹿皮诚心诚意地去庆祝，而所谓"祝"，就是把体现诚心的宝贝献上去。

　　不同的节日有不同的祭典对象，不同的社会阶层有不同的祭典形式。天子要祭天、祭地、祭百谷诸神，老百姓在自己家里也同样要敬神祀祖。说到敬神，如今仍然能看到些影子，正月初五"迎财神"、过小年"祭灶王"、八月十五"供兔儿爷"，早就演变成了充满人情味儿的市井风俗，端午节送瘟神则发展成了热热闹闹的龙舟赛……这些对于传统的突破正是最好的传承。至于祭奠逝者，从来都体现着民德归厚的美德。除夕、清明、端午、中秋、重阳、中元、寒衣、腊八……祭典几乎贯穿了所有传统节日。

　　节是给人过的，祭典绝不是表演，而是让沉浸其中的人能够唤醒自己心底的敬畏与真诚，这种明澈的情感净化着人的心灵。祭典的意义并不在于仪式和供品，而在于行礼者能真切感知与天地自然的交融，在庄重的情境中体会祖先的血脉传承。组织祭典的过程则是一次人伦关系的梳理与整合。即便是现在，乡村社会里大家族祭祖的时候也是如此，面对几百号人，究竟是该按年龄、按辈分还是按社会职务来安排行礼次序、坐席位置、发言先后，仍然是一件需要谨慎对待的大事。能够把祭典活动中各种复杂的人际关系处理妥当，让大伙儿口服心服的人，必定是一个有着超强管理能力的明白人。所以《中庸》说："明乎郊社之礼、禘尝之义，治国其如示诸掌乎。"

　　在现代人看来，节庆祭典对于逝者而言是看不到的，那为什么还要祭呢？"丧尽其哀，祭尽其敬"，祭典原本也不是做给逝者看的，而是参与者自身的一段心灵历程。我们为什么会因亲友逝去而伤心呢？因为我们已经无意间认同了他们长存的状态，甚至须臾不可离开，我们不知道离开他们会发生什么，未知让人心里不安。祭奠逝者给了我们稳妥性与慰藉感，这是一种来自若干代人生生不息的征信，有征信才得以悠远。我们在对逝者的慎终追远中投入的真挚情感陶冶着自己的心灵，感悟着生命的价值，启发我们思考人为什么要活着。祭典让人懂得，即使是再渺小的个体也不是孤零零地站在人世间，而是在生命绵延中的一个承接前人、贯通后世、联结周边的节点。祭典强调了人生是彼此相连的，这样的人生承担着使命，而使命让人有了希望，让活着变得美好而有盼头，就像过节一样。

　　节庆祭典展现着对生命的敬重，让传统节日承载了真挚的深情，这样的日子博厚而高明，当然能让老百姓铭刻在心。

引经据典

《礼记·中庸》

伍仁之仁

中秋节的序幕是由月饼大战拉开的，"什么馅的月饼好吃"从来都是其中一个很重要的论战话题。这几年人气爆棚的当属榴莲、螺蛳粉等等新奇的怪味儿，听说麻小味儿的也出来了。火腿、玫瑰、奶黄味儿的都已经过气，至于传统的伍仁月饼，早就被判定为"老土"了，甚至总有人问："伍仁是什么？"

讲究的伍仁是核桃仁、瓜子仁、杏仁、芝麻仁还有橄榄仁。小地方做的月饼可就没这么全乎了，能凑齐五种果仁就成。乡下自家打的月饼还有只用五种粮食种仁的，那可是最经典的伍仁。月饼原本是中秋节拜月的供品，就像是个小粮仓摆在供桌上，祈盼着五谷丰登。伍仁的本意是粮仓里装满五谷杂粮，这种朴实的月饼才是月饼的本相。

中华文明的底色来自农耕，传统里那些貌似深奥的思想绝大部分源于简单质朴的农业生活。就比如伍仁的仁，那是一颗种实所包含的活力之源，是内心最柔软之处，是让生命得以生长、可以开花结果的种子。也正是这样一颗种实的核心阐释着传统文化理念的核心——仁，"仁者爱人"的仁，作为中国人精神内核的仁。

我们都听说过"仁者爱人",可你想过吗,这里的"人"是否包括了父母、子女、夫妻这些最亲密的家人?没有吧!对自己家人的爱不能称作"仁爱"。这就有意思了,仁者所爱之人恰恰是那些跟自己没有亲缘关系的人,也就是外人、生人,甚至不认识的人。人可以去关爱一个和自己并不相干的人,仅仅因为他也是人——这种对人普遍的关爱正是孔子思想的宽广博大所在。

也许有人要问,去爱一个和自己没有关系的人,能是人的真情实感吗?人当然是爱自己的孩子胜过爱别人的孩子,爱自己的爸妈胜过爱别人的父母,这是人的天性。但这种情感是有可能推己及人的,于是有了"老吾老以及人之老,幼吾幼以及人之幼"的境界。

仁,是一种感觉,是体察到别人的处境之后感同身受的感觉。因为你本能地爱自己,所以你有可能去爱别人,于是有了仁爱。这种心理过程也许隐隐约约,也许只在一瞬间。就比如你看见一个陌生人摔伤了会下意识地想:我要摔成这样会很疼,他和我一样是人,摔伤了也一样会很疼。这种感觉来自恻隐之心。进而你会想:我要是摔成这样肯定希望有人帮我一把,他摔成这样也一样希望有人帮他。于是你理解了那个陌生人,你和他之间有了感通。如果你真去帮了,那个人感受到了你的关爱,你就是实行了仁道。

仁的感觉发源于恻隐之心。恻隐之心只要是个人就有:

健全的人有，残疾人也有；好人有，坏人也有。坏人之所以不仁，不是不能，而是不为，是私欲过度衍生出的贪婪蒙蔽住真心本意，使他丧失了感觉。没感觉，当然麻木不仁。

私欲谁都有，不光是食色之欲，想被别人尊重，想出门办事少些磕磕绊绊，同样是私欲。如果做到欲而不贪，就是站在了仁道的起点上。能想到别人也有私欲，自己想受人尊重就先要尊重别人，自己想办事少碰钉子就别为难别人，推己及人，这就是实行仁道的方法。

仁并不是高不可攀的道德标准，不是外界强求，更不是装出来的伪饰。仁正像一颗种仁，藏在每一个人的心田里，若有一线生机，就会自然苏醒。谁都有可能让仁爱之心萌生，但却又不是谁都能清晰地感知到这一点，更不是谁都能心甘情愿去这么做。于是，认识自己生命的本质，回归初心，担当起仁爱的人，就成了一位有道德的人，这种道德朴实而长久。

引经据典

《论语·尧曰》《论语·颜渊》《孟子·梁惠王上》

❄ 五行格物

走进中药房，一眼就能瞧见贴墙而立的那面大药橱，上面整整齐齐排满了写着药名的小抽屉，通常每组上下左右各七排，行里人叫七星斗橱，抓药师傅也因此被叫成"斗上的"。每个抽屉面上一横两纵写有三味药名，对应着药斗里三个小格子所盛放的饮片。中药材必须经过炮制加工之后才能够熬煮，这就叫饮片，或修炙，或水炙，或火炙，为的是彰显功用、减轻毒性、把握药效。中药房综合各种因素对饮片进行归类，装进斗橱里不同的格子，"斗上的"师傅照方抓药，患者拿回家就可以直接煎服了。

中药材几乎涵盖了四时百物，最常见的是植物药，比如甘草、桂枝、板蓝根；当然也有动物药，比如地龙、水蛭、鸡内金；矿物药也不算稀奇，比如石膏、朱砂、自然铜……这么说吧，树上长的、水中游的、土里生的、烈火煅的、金属炼的样样都有，水火木金土无所不包。"斗上的"师傅调剂配药，全凭药名把握药物。治病救人离不了对生命的敬畏，"名"在这里连接着人与物，格外透着庄重，绝不是一个简单的代号。

各种饮片功效不同，坚松有别，装在哪个斗里最合适大有讲究。经典的配伍需同归一斗，质轻的花草要放在高处，沉重的矿物药得放到底层，常用饮片安排在最顺手的中间排，外观相近的不能混淆，必须远离，性味相反相畏的饮片要安排在相互够着别扭的地方以提醒格外留神……编排药斗的位置离不了一张祖辈传下来的《斗谱》，想学抓药首先要把这张通过多年经验摸索出来的《斗谱》铭刻于心，并且做到心手合一，烂熟到"抬手取，低头拿，半步可观全药匣"的地步，才有资格成为"斗上的"师傅。

《斗谱》只是写满了药名，密密麻麻，井然有序，虽说看上去简单，却凝练着前辈对药物的认知过程。先民们通过手抓、鼻子闻、舌头尝的方式接触四时百物，凭自身感觉判断其咸苦酸辛甘五味，归类于水火木金土五行——久浸润下的水味道卤咸；火焰烧烤过的吃食，无论是肉还是谷都会变得焦糊发苦；草木无论是曲是直，结出的果实无不偏酸；锻造金属变形成器，细碎的粉尘像无数小楔子似的刺激着人的口鼻，那种感觉就叫辛；至于甘美，那是细细咀嚼土里生长的庄稼时尝到的味道。于是便有了味咸属水、味苦属火、味酸属木、味辛属金、味甘属土的归类。出自《尚书·洪范》的五行学说原本没有这么神秘兮兮的，只不过是古人凭借直觉的一种分类方式而已。分类恰恰是人类认识世界最经济的方式，也是获取知识最基本的方法，传统文化里把这叫作"格物致知"。

药物归入五行也就明确了相互之间的作用，水生木、木生火、火生土、土生金、金生水，相生意味着相互辅成与促进。金克木、木克土、土克水、水克火、火克金，相克代表着彼此制约与削弱。相生相克，此消彼长，古人依据来自生活的直接经验，解释物与物之间的作用关系。

中药的功效来自古人朴素的"取象"思维，依据这种思维，草木生发，木性药有宣发之功；火焰温热，火性药有温煦之功；土生稼穑，土性药有运化之功；金属坚冷，金性药有敛固之功；水润滋滑，水性药有润滋之功。这种类比联想与今天的逻辑思维大相径庭，但这就是中国传统的思维方式。汉字很大程度上也正是根据这种思维为世间万物正名的。有了名，我们才得以分辨物，认知物。

接触万物，取象正名，分辨类比，获取知识，所谓"格物致知"正是我们祖先通过感知、思考、实践摸索出的一条认识世界的基本途径。

引经据典

《尚书·洪范》《礼记·大学》

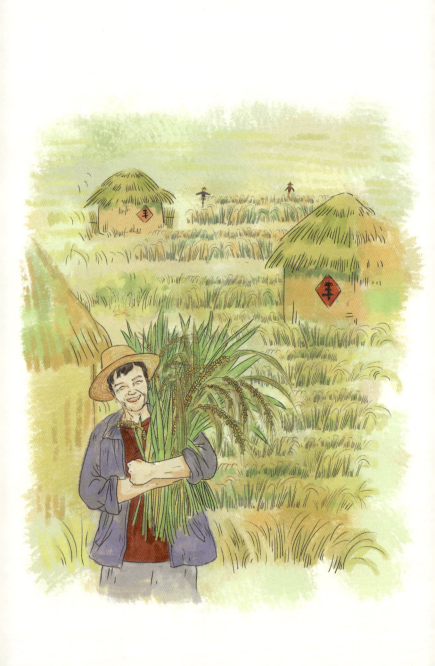

❄ 收获实诚

　　这些年，城市里的孩儿爸、孩儿妈们越来越喜欢带上娃到乡村转悠转悠，回归田园成了新的生活方式。如果有幸在稻子成熟的时候徜徉在金色稻海里，那简直是莫大的享受。娃们会抑制不住兴奋欢呼雀跃，爸妈们也会折下饱满的谷穗，欣喜地撮出颗颗籽粒放进嘴里咀嚼甘甜。成熟的谷实凝聚着养分，给人以活力。中国人见到收成的那份喜悦是打骨子里不自觉溢出来的。

　　春种秋实，庄稼把土地里的精华凝集成粒粒籽实，让人能吃饱肚子，这是老百姓眼里最实在的成就。见到了收成，也就意味着生活有了保障，心里怎么能不踏实呢？所以传统文化特别看重诚与实。"成"和"诚"原本是可以互通的，到了战国才专门用"诚"来描绘人的一种精神状态。

　　那么，诚究竟是种什么样的状态呢？诚就像一件事或一个人占满了你的心，让你一心一意，专注不移。诚又像是一缕长长的思绪萦绕着你的意念，缠来转去却缜密有序、纯然一体，容不得丝毫分神。人一旦进入了诚的状态，就会对心里装的那件事或那个人无比看重，像是担当着重大的使命。诚让人尽心尽力，以致忘我；诚让人凝神定气，收敛心智；

诚让人魂牵梦绕，须臾不离。念念不忘，必有回响，诚心实意必然能成就一件事，更能够成就一个人。

诚和实联系紧密，正如成熟的粮食有着饱满的实质，诚挚的人说老实话、办踏实事。可现实生活未必都那么尽如人意，比如人与人的境遇、禀赋生来就有天壤之别，后天的机遇、经历更是没法相比，人跟人的差别实际存在着。现实往往很无奈，有时候几乎让渺小的你放弃了去实现理想的勇气。一个不容回避的现实就是，从来没有一切皆有可能。

事实上，每个人起点不同、境遇不同、方向不同，但装在心里的愿望却没有不同。人都愿意往好了奔，这是人的通性，是深藏于每个人生命内核的一点真诚。认可自己的现实，担当起现实中的自己，不被外界干扰纠缠，这就是对自己实诚。从这份诚意出发，追随自己内心的真诚，全神贯注充实自己，就会发现自己能去实现的丰富可能性，活成自己真实、充实的样子。

诚的过程是因集而成，这很像集成电路的制作过程，把大量功能很普通的元器件井然有序地联结聚集到一处，就能聚合出某种超强的功能。寻找到你内心深处真切的渴望，遵从自己的本性，根据实际情况把你零散细碎的精力和能力不断聚集起来，积淀自己，一刻也不游移，念念不忘，尽己之诚，你的生活会渐渐充沛饱满，就像一颗成熟的谷实。种子虽然稚嫩，却能够破土、生长、成熟。诚意虽然隐微，只要至诚不已，就能够实现自己应得的成就，活成自己向往的样子。

　　诚还有一层意思，就是实打实地说话。至诚之心不仅可以成就自己，还可以打动别人。诚是自信，也可以让别人相信，道理在于诚的本性每个人都一样有，你的诚挚心意别人是能够感同身受的，进而才会相信你、理解你，才有可能回应你，即所谓"精诚所至，金石为开"。

　　实际上有时候你诚恳待人，别人却无动于衷，这是怎么回事？这并不是对方没感觉到，而是出于某种原因不能如你所愿回馈你。毕竟至诚属于感性的力量，感性的力量与行动和结果之间有着错综复杂的勾连，受到诸多因素的制约。不诚必定无感，但有感未必能动。真要碰到这种事，也不必过于执拗，或许那就是你的不可能。

引经据典

《礼记·大学》《礼记·中庸》

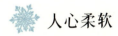 人心柔软

"人心都是肉长的。"生活中常听到这句大白话，表达了隐藏在每个人心底最柔软处的人性美，蕴含着温厚的人情味儿。

你有没有遇到过被车撞伤的小猫、小狗？蜷曲着、颤抖着，毛皮上沾满血污，眼巴巴地瞧着你。这时候你有什么反应？是不是在一瞬间经历了这样复杂的心理过程——先是本能地猛然一惊，"哟！这是怎么话儿说的！"，进而不自觉地警惕起来，"谁开的车这么野呀！"，潜意识里有种惊惧，"出门一定要多加小心！"，即刻转变成了对受伤的小生灵发自内心的怜悯之情，"伤成这样得多疼呀！多可怜的小动物呀！"，此时你已经萌生出去救助这小可怜儿的念头。是呀！人心都是肉长的，谁不同情小动物呢？但或许你急着赶路，或许不愿意惹麻烦，总之这个念头只是在脑子里一闪而过，未必真去动手救助。虽说这种事往往过去了也就过去了，但请注意，正是这个瞬息的念头，展现出了你的怵惕恻隐之心。

齐宣王不忍看着一头即将被杀了衅钟的牛吓得浑身哆嗦，于是大发恻隐之心把牛放了，其实和今天的人不忍心看到受伤的小猫、小狗痛苦的样子是一回事。不忍看到任何无辜者受伤害，即使对于动物也如此，这是人的本性使然。"见其

生，不忍见其死；闻其声，不忍食其肉。"恻隐之心人皆有之，士农工商有，鳏寡废疾有，善恶好坏也有。这么说吧，只要是人就有这种情感，而动物却不会有。"人之所以异于禽兽者几希"，正是这几希间的恻隐之心，闪耀出可贵的人性光芒。

狠人也有恻隐之心吗？当然有。《水浒传》里的李逵算是杀人不眨眼吧，当他听到李鬼说冒充自己打劫是为赡养家里九十岁的老母时，顿生不忍之心，放了李鬼，还给了他十两银子作为改业养娘的本钱。至于后来李逵发现李鬼撒谎不说，还要加害自己，活捉了李鬼一刀杀了，则说明同情是需要情境的。善良并非没有底线，对待坏人就是要处处提防，这是应有的理性。

那么问题来了。既然人心都是肉长的，为什么还有那么多坏人呢？人心本来柔软温暖，只是经历的损伤和毒害像寒风冷雨似的，把人心飕干浇冷了。有些人心渐渐坚韧起来以应对挫折，有些人心一点点变得僵硬、干枯、朽烂，最终无可救药地坏死。一旦坏死，再想变好几乎不可能了。季羡林先生就说过："坏人是不会改好的，因为他不认为自己是坏人。"

恻隐之心就像一颗种子，如果有阳光雨露滋润就能破土发芽，滋长出善良的行动。尽管每一个人心底都有这颗善良的种子，却未必每颗种子都能显现出来。幼苗能够一直苗壮成长的并不多，能最终长成一棵参天大树的更少，枯萎的、砍伐的、扭曲的、腐朽的比比皆是。很多人的善良仅仅是停留在一丝念头、一点情感上，未必能把感性的善心转变成理性的善行。"人无有不善"并不是说每个人都是善良的，而是讲每个人都有向善的可能。至于最终是不是善，则需要用修养去督促自己成为一个善良的人。

为什么要做个善良的人？因为同情是人的天性，善意是人性的萌芽，顺着本性萌发的方向生长，而不是扭着、战着，才能长成人本来应该有的模样，才能真正活成身心健全舒展的人，让自己与这个世界顺畅交融。

当然，做个善良的人是要付出代价的，同时要提防社会上有很多不那么善良的人，有很多扭曲的、残损的、腐朽的、死坏的人。不要被他们干扰，更不要被他们伤害。记住，你是为了成就自己才在尽力做个善良的人。

引经据典

《孟子·梁惠王上》《孟子·离娄下》《孟子·告子上》

 **爱为何物**

　　按照《礼记》里《礼运》的说法，"喜""怒""哀""惧""爱""恶""欲"这七种人之常情，不用学，是个人就会，可真要是能弄清楚、说明白，却未必那么容易。就比如爱，每个人都渴望爱，都能给予爱，都可以感知爱。爱显得格外高贵，可爱究竟是种什么感觉呢？

　　你的所爱可以是一个人，比如恋人之间的情欲之爱、父母子女之间的慈孝之爱、对待朋友的关切之爱。你的所爱也可以是一群人，在一个群体里生活上一段时间每每让人眷念，就连并不十分熟悉的老乡、校友也会让人有种莫名的亲近感。如果能够关爱和你没有直接关系的处境不利群体，那你就算是一个品德高尚的人了。

　　你的所爱可以并不止于人，动物、植物、各种物件都可以被人爱，比如爱养宠物，癖爱收藏，爱吝一样东西；还可以爱干一些事，爱体验一种过程，比如爱唱歌、爱旅游、爱吃喝、爱打游戏……甚至聊天倾诉、吹牛显摆也是不少人的爱好。

　　爱的对象非常广泛，爱的感觉却朦胧难辨。爱可以是喜欢、期盼，同时也有着无奈、不甘，甚至少不了委屈、抱怨。

我们每个人对自己的亲人未必都那么喜欢，但亲亲之爱却是人世间最深沉的爱。不喜欢的东西可以扔掉，不喜欢的人可以远离，而深情爱意却宛若千丝万缕牵绊着你和你的挚爱，让你无时无刻不牵肠挂肚。不管你愿不愿意，你总是和所爱的对象缠绵难解，割舍不开。爱让你有了念想，有了指望，好像生活有了意义，或者说你因你的所爱而存在。

爱的胚芽隐藏于人心底，爱的感觉却若隐若现、虚幻不清，爱随时可以显露，但又说不好从哪里来。你无意中认可了这种情感和自己浑然一体，延绵悠长。一旦失去了你的爱，你会突然恍惚不安，仿佛一下子没了着落，那种难舍难分就像刮骨切肤，使你哀痛伤感。哀，正是出于深切的爱。"哀"与"爱"古时候是可以互相借代的通假字。

爱有深浅之分。有的爱失去了会让你哀伤，有的爱失去了仅仅是惋惜，有的爱与你一生相随乃至生死相许，有的爱必要时可以忍痛割弃，爱未必都需要执着。

爱是需要回报的。父母爱子女，希望子女越来越好，同时也期盼得到子女的善待。如果子女活出彩来扬名于世，父母会打心眼儿里扬眉吐气，那就是子女对父母最大的回报。恋人之间情相系心相随，魂牵梦绕忘不了，相互之间的付出如鱼饮水，冷暖自知，不足为外人道，相爱本身就是一种成全。朋友之间的关照与接纳，得以长久的基础更是相互辅佐。至于人对各种事物的爱好也是一样，养宠物给你慰藉，爱吝物件让你自我满足，唱歌、打游戏使你愉悦，爱吃喝带来快乐，爱旅游满足你的好奇心，爱吹牛显摆回报你优越感。

对爱的回报是一种由衷的使命，不可以交换与算计。尽管爱需要回报，但出于直觉的爱却是非理性的，可以感知却没办法度量。所以才说"滴水之恩，当涌泉相报"。

爱是人情感的自然涌动与本色流露，不被外界所滋扰。爱可以培养，却不能强求，也不能假装。在诸多爱恋中，最能体现这一点的当属一见倾心。既是倾心，必然非理性。至于为什么倾心，恐怕是和长久隐匿于心底的爱意产生了共鸣，于是让人心潮澎湃。既然打破了情感平衡，就难免在情感上倾斜，于是有了各种偏爱，各种爱而不得。偏爱过了度就演变成溺爱，爱而不得难免爱恨交加，溺爱和爱恨交加的结果只能是走向伤害。所以，即使对于爱这种高贵的情感，同样需要节制，同样不能过分。爱是彼此成就，而非相爱相杀。

引经据典

《礼记·礼运》《孝经·开宗明义》

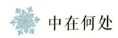 中在何处

　　据说，当初刘秉忠标出元大都的中轴线依据的是一棵老榆树正午时分的影子，可他没料到，这道光影静卧北京城，在八百多年之后竟然成了世界非物质文化遗产，很多人也因此关注起"中"的含义。

　　"中"这个字笔画很简单，内涵却无限丰富。在大多数人心里，"中"首先是个空间的概念，比如左中右，比如东西南北中。你抬起头，会发现自己正处于天地之中，于是"中"有了通彻天地的哲理，"中"里的那一竖"丨"（音滚），当上下贯通讲。人生于天地间，是可以贯通天地的生灵。

　　甲骨文的"中"字比现在复杂，一竖中间有个圈，上下各有两条飘带似的曲线。这个图案象征什么？有人说来自古人测量光影的圭表，上下的飘带标记着二至二分的位置。这让人想起确定北京城中轴线的那棵树，用自己的身影勾画出理想都城之中，树已不在，却影响千年。也有人说"中"像插在地上的旌旗，旗之所在，人之所趋，各路诸侯都纷纷聚在旗子周围。"中"上那个圆圈是代表围墙的"口"（音围）字，旗子当然在城郭之中了。金文的"中"字当间是个实心疙瘩，有人说像插在杆子上的建鼓。鼓声一响，四面八方的

人聚拢而至，把鼓包围起来，鼓的位置可不就是中吗？"中"由此引申出了"内""里"的含义，像"家中""心中""身在其中"等等。

"中"也可以是时间概念，此时此刻我们正在过去和未来之中。古人讲的"时中"是对"不违农时""适时"概念的提炼，指的是恰到好处地把握大自然的节奏，顺应事物发展规律。于是"中"有了恰当、准确、合适的意味。河南人表示肯定的口头语"中"可能就是这层意思。

"中"代表着肯定、认同，让人听着踏实，仿佛一颗心有了归宿。这正像《中庸》里所讲的"中"，既不是空间概念，也不是时间概念，而是情绪概念。什么是中？"喜怒哀乐之未发，谓之中。"喜怒哀乐本属人之常情，隐匿在人内心之中。情绪未发时，人的表现自然安稳，办起事来也都有着主心骨，就像心里有根旗杆安稳地立在地上。可人心都是肉长的，谁也不是铁石心肠，一旦受到外界因素的影响，怎么可能不流露情绪呢？就像风一吹，杆子上的旗幡必然随风招展一样。不信你听：当人心生喜悦的时候，发出的声音都是开朗舒展的；要是心生愤怒，发出的声音必然粗暴激越；如果心生悲哀，发出的声音肯定急促衰弱；要是碰到什么特别高兴的事，谁能按捺得住振奋舒畅的欢笑声呢？情绪像火苗，捂是捂不住的，宣发出来很自然。但火不能任意蔓延，把握好情绪的温度，节制而不放纵，才能保持心态平和。情绪是人固有的本性，协调好情绪则是为人处世的本领。

　　说到为人处世，《中庸》里讲"执其两端，用其中"，这个中有适当的意思。做一件事或是判断一个人，要尽量从更宽广的视角去想问题，考虑到因由和结果，既要看到最好的前景，也要想到最糟的可能，从而选择恰当的方式应对当下，尽量向好的方向努力，同时也要始终警觉可能出现的恶果。

　　古代同一个字往往有很多种写法，"中"的另一种写法像用皮绳编的策书，所以也有人说"中"的本义是书册、文册，手持书册的人也就成了史官。后来延伸为存放重要文书的地方，于是有了"内"的含义，又衍生成"入"的意思。"射中"就是箭入于内，"中伤""中举""中用""一语中的"也就很好理解了。

引经据典

《礼记·中庸》《礼记·乐记》

中

 **观象养气**

　　有些传统文化的基本概念，我们几乎每天都在说，却又说不清道不明，比如"气"。

　　说一个人高兴叫喜气洋洋，说一个人愤怒叫怒气冲天，形容一个人神采奕奕就说他气宇轩昂，要是一个人蔫头耷脑的那就叫泄了气……气就像是情绪的影子，随着情绪不断变幻着。

　　每个人都不自觉地展现出一种整体的气象，这种气象一刻也不曾离开自己，别人一眼就可以望见。比如贵气、帅气、雅气、大气、局气，这是令人赞誉的一类。相反，贫气、匪气、俗气、小气、晦气就多少让人讨厌了。气可以反映出一个人的精神实质，通常就叫气质，也可以表现出人的健康状况，一般称作气色。中医望闻问切，首先就是望气。气可以在人与人之间相互感通，因此待人要提倡和气，减少戾气。气可以彼此影响、归并趋同，一群人在一起相处久了就产生出属于这个群体的共有之气，比如一家人、一个单位的人，一看便知。气甚至可以由人传递给物，艺术家能通过文章、书画、雕塑作品表现出属于他自己的独特气韵。

　　气，真切反映着一个人的精神风貌，扑面而来却又无形无相，很难说得清究竟是种怎样的存在，透着点儿玄乎。气究竟是什么呢？按照现代中医教科书的说法叫"气是构成人体和维护人体生命运动的基本物质"，可这么说总觉得哪儿不对劲。

气隐匿在人的心底密而不显，气又涌流在人的一举一动里、一颦一笑间，无处不现。气既不能刻意掩饰，也很难伪装出来，但又能通过不断涵养自主成就，就比如有名的"浩然之气"。

浩然之气是什么样子？孟子说："难言也。"这么说吧，有浩然之气的人通透明白，有浩然之气的人真挚坦荡，有浩然之气的人自尊自重，有浩然之气的人说话有底气、处事有骨气、做人有志气，和他接触的人都能感觉到那种气象的盛大无碍。浩然之气源于人真诚的本相，发自心田涌动着的无限生机，所以至大至刚。扑面而来的浩然之气会感染人，让人由衷产生出敬重。

浩然之气不会与生俱来，在小孩子身上很难见得到。浩然之气也不能说来就来，是经历了无数的历练才能自然涌现的。每次行动之前，先问问自己这种事可不可做，这么做合不合适。不断考量着自己的抉择是否符合道义，无形中就是在积攒点滴的浩然之气。如果心里觉得踏实，就增加了一分涵养；如果内心敲鼓打战，那就泄掉了几分元气。长期的理性判断和不懈实践可以让人远离畏缩与忧郁，同时不会因别人的质疑而改变自己的立场，浩然之气自然渐渐萌生，从容与笃定如影随形。

浩然之气是通过生活中的大事小事反复践行才得以凝聚起来的，不可能一蹴而就，即使是做了几件符合道义的好事也未必就能养成。觉得践行无功而放弃的人不会拥有这种气概，刻意摆出架势来则会跑偏走板，装腔作势更是贻笑大方。那个著名的成语"揠苗助长"，最初并不是说培养人才不能急于求成，而恰恰是讲在亢奋的心态下急功近利，硬撑起一种气势来，不仅无益，反而有害。浩然之气来自生活行动中的念念不忘，是日久天长不知不觉间自然养成的。

一旦养成了浩然之气，你就不会再局限于自己的处境，不会屈从于各种压力，也不会被外界的诱惑所影响。这种气象使你能昂首挺立在天地之间，追求一种宽广的境界，这种气象也必然感召着你周围的同伴。

引经据典

《黄帝内经·素问》《孟子·公孙丑上》

老天有眼

　　老天有眼吗？传统的中国人认为：必须有！如果老天都不辨善恶是非了，那不乱套了吗？就连流行歌曲里都有《老天有眼》，说"天下的是非实在太多"，人要"堂堂正正地走""高高兴兴地过"。可是，天文学家要问了：老天的眼在哪儿？是在狮子座还是在猎户座？于是扯出了一个大问题：天是什么？

　　中国人说的天到底是什么？好像谁心里都能明白，可谁又都说不清楚。天，当然包括我们头顶的日月星辰，要不我们所在之处怎么叫天下呢？天苍苍，像个大锅盖，日月星辰镶嵌在高高的天上各行其道，一会儿天黑了，一会儿天又亮了……这个天类似于我们今天说的宇宙。

　　传统的天不仅仅在我们头顶上，还包含四时寒暑，要不怎么说天冷了、天热了，即使是欧洲人也吟咏着"冬天来了，春天还会远吗"这样充满希望的诗句。天行云布雨，天生养万物，于是有了河流山川、花草树木、飞禽走兽，当然也包括人。这个天无穷广大，又无限精微，囊括了大自然的一切。

　　天玄远而又切近，虽说看不见摸不着，却像是随时就在我们身边，召之即来。人在情急之下往往会不自觉地喊出

"我的天啊！"，几乎等同于在喊"我的妈呀！"。既然"天"和"妈"都是我们在关键时刻无意识的心理依靠，"老天"一定也能和"妈妈"一样懂得我、帮着我。于是我们的祖先认为天和人是可以息息相通的。

但"天"和"妈"又有着明显的不同。妈妈给我们的爱没有条件，而老天却喜怒无常，一会儿风和日丽，一会儿暴虐难防。人被无形的天拿捏着，只有俯首听命的份儿，仿佛天无时无刻不在主宰着人的命运。人们相信"生死有命，富贵在天"，即便想有所作为也只能是"谋事在人，成事在天"。这就有了主宰之天和命运之天。那用什么办法可以让老天更眷顾我们呢？先民们做出了各种尝试，比如满怀敬意地献上自己最珍贵的财富，牛羊、美酒、粮食甚至人的生命……希望能得到老天的回报，这就有了上古的祭祀。

于是问题来了：是不是谁献给天的礼物越丰厚，天回报给谁的好处也就越多呢？其实直到现在也有人这么觉得。不信你看看那些跪在地上求神仙保佑自己发财的主儿，就有人跟神仙说："保佑我发财吧！保佑我比别人挣钱多吧！我上的供可比他们多多啦！"你别觉得这样做的人可笑，在商代以前，绝大多数人都是这么想的。直到小邦周翦灭了大邑商，一个崭新的提法照亮了天下——苍天只眷顾有德之人，周人有德，所以周取代商天经地义。老天有眼，能公平地洞察是非善恶，有德必有好报，天理如此，必然如此。于是，老天一下成了道德之天、义理之天。这种对天的认识一直影响到现在。一句"天作之合"成就了无数好姻缘，一句"天生我材必有用"给无数奋斗者带来希望。

老天有眼，善有善报，一切不公平都是暂时的。尽管你可以认为这种说法没有什么依据，可以举出许多反例，但千万不要小看这种观点。赋予老天裁判是非能力的本质，是我们的祖先把自己心底的善与爱映射到了那个亘古不变又无所不在的苍穹之上，让自己的理想能与天一样长久，成为永恒的价值依据。

老天有眼，这一眼看破了蒙昧，看到了自觉，这一眼看见的是中华文明之初那道耀眼的霞光。今天的我们，正是从这道霞光里一步步蹒跚而来，最终明白了每一个人的本性都是大自然之赋予。

引经据典

《礼记·中庸》

 **天下在人**

　　传统文化里经常提到"天下"，可又说不清"天下"究竟有多大。"天下"广阔无垠，却没有一个明确的界限。

　　"天下"的概念来自周人的想象。周人认为天像一个大锅盖，日月星辰镶嵌在天上，人生活在天下，天下的周围是晦明不定的大海。现在能见到的最早出现的"天下"一词是在西周中期的礼器豳公盨铭文里，那时候人们认为"天下之中"是当时农耕文明最发达的中原——中华文化的核心所在，四周往远处延伸，一直到人能够到达的所有地方都被称为"天下"。

　　尽管用今天的眼光看西周所拥有的天下并不算大，但却是那个时代周人之所及。后来，人的本事越来越大，能到达的地方越来越远，天下也就随着人的足迹愈加辽阔。东汉甘英出使大秦，把"天下"推拓到西海沿岸，明代郑和下西洋，把"天下"延伸到红海之滨。到了近现代，有赖于地理大发现的影响，"天下"近乎等同于全世界。

　　世界有限，但天下的概念却可以无限拓展。假如真有一天人们能够到月球或是火星上去生活，那么月球、火星上有人生活的地方也可以被称为天下。天下并非一个单纯的地理概念，而是和人紧密关联着。

　　天下意味着一种广阔包容的人文意象，蕴含着无远不至的人生理想，可以说有人生活的地方就是天下之域。这就好比江南在地图上并没有一个确切的界限，而是北方人心目中一种温柔细腻的人文意象，一种优雅恬静的人生理想。所以长江以北的扬州属于典型的江南，甚至在北京也能营造出江南园林、江南景色；而长江以南的某些地方，却并没有大多数人通常感觉上那种属于江南的特有情调。

　　西周时代人们认为"天下远近大小若一"，其间并没有划分出此疆尔界。天下生长着万物，万物并育而不相害；天下生活着人，人们大同小异，各有各的活法，各走各的道，道并行而不相悖，所以天下才称得上广大。"天下之中"的魅力在于对人有着强大的凝聚力和感召力，而不是强迫与暴力。所谓蛮夷并不是由生活的地理位置来决定的，而在于是否耕田，是否有城郭、宗庙、社稷，是否遵守礼乐制度……总之，是否认同中华文化。认同中华文化，就是属于天下一家人。要知道春秋以前的耕地并不是一块紧挨着一块的，田亩之间隔着大片的沼泽、山林、荒丘，像大海里的岛屿星星落落的。诸侯的城邦也并不接壤，农耕生活和游牧生活、渔猎生活交错杂居着，互不相扰。秦汉之后农田才逐渐相连，于是觉得蛮夷都生活在边远贫瘠的地方，那里没法种庄稼。即便如此，蛮夷同样属于天下人。

　　我们常说"平天下"，可天下哪里没有坎坷沟壑呢？如果把"平天下"豪迈地臆想成开着推土机去填平所有的沟沟坎坎，那能够"平天下"的才几个人呢？"平天下"的理想对广大生如蝼蚁的平凡人来说，还有什么意义呢？可是，对于蚂蚁来说有山吗？没有。蚂蚁的天下本来就是平的。于是，我们可以换一种思路：人能过得去的地方就是平的。由此，平天下可以理解为"天下平"。

　　天下在人，人性原本是可以相通的，正如天下本来没有隔阂，隔阂都是人觉得。深入理解自己，也就能明白天下人，也就有互相了解和尊重、互相同情和支持的可能。自己合适的同时也让别人感觉合适，这是与天下人积极相处之本。尊重别人的志趣，顺势相和，彼此无碍，同时想想自己的欲念和作为是不是妥当，这是通行天下之道。天下广阔，人总有办法越过坎坷，绕过障碍，通达于天下之域。这么一来，天下对谁都是平的，平凡人也能平天下。

引经据典

《礼记·大学》《礼记·中庸》

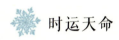 时运天命

"人走时运马走膘，兔子落运逢老雕。"一句俏皮话说的是时运的玄妙。

时运就好比坐车，有时候等呀等怎么等也不来，有时候紧赶慢赶也没赶上，有时候一到那儿就刚巧赶上了。旅途中只能把自己交给车，或一路畅通，或颠簸盘绕，或经历风雪，或走走停停……畅通的时候你心情愉快期待着前程，颠簸起来你感觉不爽但又无可奈何，赶上狂风暴雪你只能听天由命。时运你可以感知，却很难掌控。如果你坐的是辆豪华轿车，兴许又快又舒服。如果你挤上辆大公交，也就只好随大溜儿，路上的际遇跟大伙儿差不多。你大概其知道自己要去哪儿，至于什么时候到，半路会不会抛锚停下来，都不好说。时运是由环境气候、路途趋势还有车辆状况等因素决定的，复杂交错，你可以乘运而行，却不能左右时运。

每个人都希望走好运，比如财运、官运、桃花运，都不愿意走霉运、背运。然而人生路漫漫，运气随时变，有坦途就有不平，起起伏伏、乍行乍止全是寻常，好运坏运都会经历。

尽管时运波诡云谲，也并非完全不可捉摸。时来运转也

是有的，要么是环境、气候或是路况变了，要么是你换了辆车。转运的手段无非那么几种：烧香、算卦不靠谱，靠谱的方式是让环境、气候变好，这对于个人来说可以科学预测，但改变全凭等待；或者改变道路，这就要瞅准机会了；或者换车，这个经过努力还算可行。稳妥的办法也有，就是走好运的时候不能忘乎所以，走背运时不要灰心丧志，否则不论换什么，都有不走运的时候。时运可以对不住你，可你不能对不住自己。

说到"运"，很容易联想到"命"。命运牵绊着我们的一生，因果错综谁也回避不了。

"命"的甲骨文就像是上面一张大口在向下发号施令，你无从选择，必须接受，这就叫命令。每个人都有自己决定不了的境遇，比如生在什么时代、生在哪里、父母是谁，又比如身体、性情、特长，这些就像老天的命令，人无从选择，必须接受。"人的命，天注定"，天命是赋予了我们本质的自然因素，是一个人无法改变的底色。有时候我们感叹"这就是命呀！"，其实是对天命的简称。命运限定着一个人的先天，人只能依托自己的底色走上命运之旅。

正视自己的底色，认可自己生命中的那些无可奈何，明白什么是自己命里没有的，什么是自己命里可以有的，进而也就知道什么是自己根本把握不了的，什么是自己能够把握和应该去争取的。命里没有，索性不在乎，倒也踏实。命里该有的，不要拒绝，要尽心尽力往好了做，充分实现自己的本性，能够做到这一点，就算知天命，就算承担起了人生的使命。

至于使命能不能完成，就要看先天赋予你的本性——就是你内在的命，和你人生旅程的穷通变化——也就是你外在的运，这两者之间的机遇巧合了。机遇在老百姓嘴里叫"缘分"，哲学术语叫"偶然性"。有的机遇稍纵即逝，有的机遇终究不会错过，谁也说不准什么时候会有巧遇，只能说这是你的命运。一个人未必能把握自己的命运，但可以把控自己当下的所作所为，面对机遇，辛勤耕耘，静待收获，做好充足的准备就是了。倘若机遇真的来了，让自己随时随地可以乘运而行，而不至于浪费了机遇。

老话讲"尽人事以听天命"，谁也不能否认命运，可谁也解释不清命运的错综因果。不尽人事，即使天上掉下馅饼来，你也接不住。尽了人事，即可安心，安守自己的本质，同时等待命运的来临，正如陶渊明的诗所说：

　　　　纵浪大化中，不喜亦不惧。

　　　　应尽便须尽，无复独多虑。

引经据典

《论语·为政》《礼记·中庸》

 **所谓生活**

　　所谓生活，首先要生，没有生命哪来的生活？古人感知生的意象源于幼苗破土而出，从不在到在，这就有了甲骨文的"生"字。不论是草木还是人，对于个体而言，生来都是偶然，自然无比珍贵。

　　生命力沛然不可抵挡，支持你来到这个世上，使你有了人的本性，比如求生的本能，比如向上、向前的萌动，比如摆脱困境的渴求，等等。但要强调的是，食欲、性欲等等欲望并非唯人独有，而是植物、动物也有的生存欲，属于万物生生不息的本质。然而，草木生生只会疯长，动物任性无限繁殖，草木和动物都没有自我调控的本事，或者说只会一个劲地生，而不考虑怎么活得好，结果只能被动遵循大自然相生相克的平衡法则，以达到万物生生之和。人不是这样，人有把握自己怎么活的本事，也只有人才能生出"死也要活着"这样听着矛盾却谁都能懂的念头。

　　万物皆由生而存在，对于大自然而言，生算不上难事。对每个人来讲，生只不过是个没有疑问的既成事实，珍重就好。活则不然，活如山间哗哗流淌的溪水，要穿越各种跌宕起伏、险阻崎岖的境遇仍然保持着活泼泼的气息。"问渠那得清如许，为有源头活水来。"顺势而行，才能活得透亮，一生通畅并不容易。

人活着当然要有吃苦耐劳、承担艰辛的韧性，但这不是活着的价值。活指向的是成就一个饱满的生命，一个无论是物质生活还是精神生活都丰富充实的生命。再平凡不过的人也会有对美好生活日益增长的需求，正如任何一棵小苗都有长壮长成的劲头儿。

人各有各的活法，并不是谁都能天天过得如愿以偿。尽管人的本性相通，但命运却各不相同。命运就像一只无形巨手，不知什么时候就会兴云作雨，或和风细雨，或凄风苦雨，或狂风暴雨，或阑风长雨……人生如草木，根本无法左右命运，也就只能栉风沐雨地活着。

命运限定了你在人生舞台上的角色，约束着你施展的自由。你想讨个彩吗？只能是戴着枷锁跳舞。置身于枷锁里的庸人抱怨、自卑的有，愤怒、伤人的也有。真正高明的舞者却能从容应对束缚，"居易以俟命"，在命运限定的场子里淋漓尽致展现出万千精彩，一次次超脱窘境宛若重生。能够不加伪饰地认清现状，依然全身心投入生活，这才是自觉主动的人生。如果你是只鸟，就飞过山峦翱翔于高天之上；如果你是条鱼，就挣脱围网畅游于深潭水底。生的价值在于怎么活，在于活成你应有的样子。

命运无常，但人的本性恒久。以恒久的本性应对无常风雨，依照自己的本质不断完善自我，是一种尽性的能力，这种能力潜藏于每个人的骨子里。只要是个人就有可能认识自己、反思自己，就有可能把握自己往好了走，谋求一种让自己的身心舒展开的生活。人的这种自觉能动性是可以被充分激活的，而且可以传递给别人。我们所有的学习过程都是从别人那里吸纳这种能力来推动自己前行。

万物生长，唯独人有能力把控自己成长的方向，这种能力有与生俱来的，有跟别人学来的，有在内外交困中被逼出来的。不管是怎么来的，结果都一样，都能成就一个生机勃勃、充实饱满的人生。

说到生，自然也就想到死。生是偶然，千万珍惜。死是必然，只要不故意作死就好，用不着整天费神琢磨。把握住自己能把握的，随时随地准备死，同时千方百计谋求生，谋求生命中一个又一个值得好好活着的前景。对于生死之间那些寻常的日子，是不是应该顺着自己的本性好好活着，而不是憋屈地、拧巴地、寒碜地、幽怨地苦熬呢？这是不是也是一种面对生活的豁然态度呢？

引经据典

《礼记·中庸》

爱的胚芽
隐藏于人心底，
爱的感觉
却若隐若现、虚幻不清。

后记

　　想写一本传统文化方面的书，已经朦朦胧胧地酝酿了很久，可一直也没找着个头绪，直到近些年在北京理工大学给工商管理硕士（MBA）开讲"中国管理哲学与国学经典"课程，才对传统文化、先秦诸子，以《仪礼》《周礼》《礼记》为代表的国学经典，还有中国节日节气文化进行了比较系统的梳理。

　　为了充分备课，我参阅了不少书籍，在网上听了多位当代名家的课程，受益良多，但最重要的启发还是来自学生。不同于大学在校的本科生和研究生，MBA的学生绝大部分已经在职工作了，很多人都有宝宝，印象里就有好几位是下了班带着孩子来听课的。这些学生有着丰富的生活阅历，要协调家里家外的各种关系，自己乃至孩子的衣食住行都要操心，职场上必须处理各种大事小情，逢年过节还得考虑着给父母亲友带点什么年礼。他们选修这门课程不只是为了得到学分，还为了自己多明白些生活的理路，也能为教育孩子多储备些国学常识。

这些学生有个共同的问题，他们的底子大多是学工程技术或经济管理的，对于国学经典仅限于中小学课本里教的那点儿，都能背上几句《论语》《孟子》，但解释得似是而非，通篇看过《大学》《中庸》的人更是凤毛麟角。他们需要的是对国学经典最通俗的阐释，他们提出的问题往往很实际："我们家碰到了这么个问题，应该怎么办？""我们单位出了这么个事，您给用传统文化分析分析。"传统文化对他们来说不是讲道理，而是能使用，是可以实际操作。结果逼得我必须尽量用直白的语言和朴素的生活譬喻来回应学生的诉求。后来应邀在一些企事业单位进行传统文化方面的讲座，这种感觉越发明显。有时候我站在讲台上就想，不是我在教学生，而是学生在教我，这或许就是《学记》里说的"学学半"。

于是，我总结这些年的讲课经验，结合我对传统文化的学习体会，反思自己半个世纪的人生阅历，就有了这本书的原始构思。

2023 年春天，我应邀参加北京师范大学出版社在北京图书订货会上举办的《思享者——我在北师大听讲座》一书的首发式，结识了干练而儒雅的周粟先生，以及和他一样干练而儒雅的小伙伴们。偶然聊起了当时还仅仅是些想法的这个选题，谁承想周粟先生兴致极高，马上组织团队开始论证立项，安排编辑，请插画师……就这么着，这个选题八字还没一撇的时候就落在了北京师范大学出版社。也是在周粟先生的不断督促下，我才能把一年多的散碎时光积攒起来，写成了这本十来万字的小书——《生活中的传统文化》。在此，郑重感谢周粟先生的鼓励！感谢北京师范大学出版社的抬爱！当然更要感谢那数千位听过我课程的学员们，正是你们启发了我！

　　现在以传统文化为题材的书很多，这本小书与众不同的切入点是家长里短的生活日用，是老百姓日用而不觉的观念与传统文化的融通，是普通人可以去怎么做。我对这本书的定位是无硬伤，有意思，看着好玩儿，看完了能咂摸出点儿地道的中国味儿来。至于能不能满足这个期待，则留待后证了。

2025 年春天

图书在版编目（CIP）数据

生活中的传统文化/崔岱远著. --北京：北京师范大学出版社，
2025.6. -- ISBN 978-7-303-30798-2

Ⅰ. K203-49

中国国家版本馆 CIP 数据核字第 2025X12N02 号

SHENGHUO ZHONG DE CHUANTONG WENHUA
出版发行：北京师范大学出版社 https：//www.bnupg.com
　　　　　北京市西城区新街口外大街 12-3 号
　　　　　邮政编码：100088
印　　刷：北京盛通印刷股份有限公司
经　　销：全国新华书店
开　　本：890 mm×1240 mm　1/32
印　　张：8.5
字　　数：156 千字
版　　次：2025 年 6 月第 1 版
印　　次：2025 年 6 月第 1 次印刷
定　　价：68.00 元

策划编辑：周 粟 李 明　　　　　责任编辑：王婧凝
美术编辑：李向昕　　　　　　　　装帧设计：李向昕
责任校对：包冀萌　　　　　　　　责任印制：马 洁
插　　画：黄凯鑫
（本书插画均属示意图，仅为装饰，非实景写照。）